CATALOGUE

DES

LIVRES ANCIENS & MODERNES

COMPOSANT LA BIBLIOTHÈQUE

De feu M. CHOPPIN DE VILLY.

SECONDE ET DERNIÈRE PARTIE

LIVRES EN TOUS GENRES, OUVRAGES, PORTRAITS ET VIGNETTES ROMANTIQUES, ETC.

VENTE AUX ENCHÈRES PUBLIQUES

Les Mardi 19, Mercredi 20, Jeudi 21 avril 1887

SALLE SYLVESTRE

RUE DES BONS-ENFANTS, 23

A HUIT HEURES DU SOIR

Par le Ministère de Mᵉ G. BOULLAND, commissaire-priseur

26, *rue des Petits-Champs*, 26.

Assisté de M. MAILLET, Libraire-Expert.

PARIS

E. MAILLET, LIBRAIRE

118, RUE DE LA POMPE, 118.

1887

CATALOGUE

DE

LIVRES ANCIENS

ET MODERNES.

CATALOGUE

DES

LIVRES ANCIENS & MODERNES

COMPOSANT LA BIBLIOTHÈQUE

De feu M. CHOPPIN DE VILLY.

SECONDE ET DERNIÈRE PARTIE

LIVRES EN TOUS GENRES, OUVRAGES, PORTRAITS ET VIGNETTES
ROMANTIQUES, ETC.

VENTE AUX ENCHÈRES PUBLIQUES

Les Mardi 19, Mercredi 20, Jeudi 21 avril 1887

SALLE SYLVESTRE

RUE DES BONS-ENFANTS, 28

A HUIT HEURES DU SOIR

Par le Ministère de Mᵉ G. BOULLAND, commissaire-priseur

26, *rue des Petits-Champs*, 26.

Assisté de M. MAILLET, Libraire-Expert.

PARIS

E. MAILLET, LIBRAIRE

118, RUE DE LA POMPE, 118.

1887

ORDRE DES VACATIONS.

Première vacation : Mardi 19 avril

Nº 1 à *118*

LIVRES EN LOTS.

Deuxième vacation : Mercredi 20 avril

Nº *119* à *235*

LIVRES EN LOTS.

Troisième vacation : Jeudi 21 avril

Nº *239* à *347*

LIVRES EN LOTS.

Le Libraire-Expert se réserve la faculté de diviser ou de réunir les livres, selon qu'il le jugera utile dans l'intérêt de la vente.

Les livres sont complets et vendus comme tels.

Il ne sera repris aucun article pour taches, piqûres et défectuosités

Les livres reconnus incomplets seront seuls admis à rapport, et ce, dans les 24 heures de l'adjudication.

Les acheteurs paieront, suivant l'usage, 5 0/0 en sus des enchères.

CATALOGUE
DE LIVRES
ANCIENS ET MODERNES
EN TOUS GENRES.

THÉOLOGIE

1. L'alcoran de Mahomet, in-12. — Histoire de l'hérésie des iconoclastes, 2 vol. rel. en 1 seul. — Concilii trientini, in-12. — La clef du sanctuaire, Spinosa, 1678, in-12. — Fénelon. Réfutation de Spinosa, 1781, in-12. — Ensemble 5 vol., 1/2 reliures variées.

2. BALLANCHE. — OEuvres, 6 vol. in 12, demi-veau. — Histoire de l'Inquisition, 1 vol. in-8°, demi-veau vert. — Génin. Histoire des Corporations religieuses, in-8°, demi-veau.— Génin. Les Jésuites et l'Université, 1 vol. in-8° demi chag. — Ensemble 9 volumes.

3. Critique religieuse. — Examen de Bolinbroke, *Londres*, 1771, in-8°, veau plein. — Pour et contre la Bible. *Jérusalem*, 1801, in-8°, demi rel. — Le bon sens, *Londres*, 1774, in-12 (par le baron d'Holbach). — Eléments de la morale universelle, *Paris*, 1790, in-8° non rogné, demi-rel. (par le baron d'Holbach) — Examen des prophéties qui servent de fondement à la religion chrétienne, in-12, veau plein, *Londres*, 1768. — Anecdotes ecclésiastiques, *Amsterdam*, 1738, in-12, veau plein.— La Constitution unigenitus, dans le même volume : Jésus sous l'anathême, in-12, veau plein. — Lettres flamandes, *Lille*, 1752, dans le même volume, les lettres persannes convaincues d'impiété et le poëme de Pope, convaincu d'impiété. — Ensemble 8 vol.

4. Du culte des dieux fétiches s. l. 1750. (par le président Desbrosses), in-12, demi-rel. veau tr. jaspées. — Israël vengé ou exposition naturelle des Prophéties hébraïques que les chrétiens appliquent à Jésus, leur prétendu Messie, par J. Orobio. *Londres*, 1770, 1 vol. in 12, veau, racine tr. jaspée. — De Cordemoy (l'abbé). Réflexions importantes sur la réponse des docteurs luthériens... la conférence du Diable et de Luther, etc., *Paris*, 1715, in-12, demi-rel. tr. jaspée, ensemble 3 vol.

5. *Divers*. — Delauro. — Dul er. — L'athée redevenu chrétien
—Oegger. — La vrai Messie. — Hégel, exposition de sa
doctrine. — Ewerbeck. Qu'est ce que la religion. — De
Kouen. Réfutation d'objections. — Traité de l'athéisme.
— De l'origine de la Raison et de la foi. — Lemoine.
La parole de Dieu. — Ensemble 8 vol. reliés.

6. Commentaires sur la Bible. 1 vol. in 8°, demi-veau.—
Ewerbeck. Qu'est-ce que la Bible. 1 vol. in 8°, demi-
veau.—Veuillot. La vie de Jésus-Christ, 1 vol. in-8°,
demi-chagrin.—Constant. Polythéisme romain, 1 vol.
in-8°, demi-veau.—De Bovet. L'esprit de l'Apocalypse,
1 vol. in-8°, demi cuir de Russie.— Frayssinons. Dé
fense du Christianisme, 2 vol. in 8° demi-veau. — Ensemble 7 vol. in-8°.

7. Garcin de Tassy. — Mémoire sur les particularités
de la religion musulmane dans l'Inde, d'après les ouvrages hindoustanis, 2ᵉ édition, *Paris* 1869, in 8° de
106 pages broché. — A.ᵐᵉ Mary Summer. Histoire de
Bouddha Sakya Mouni, depuis sa naissance jusqu'à sa
mort *Paris*, 1874, — dans le même volume : 1° les
Religions bouddhistes depuis Sakya-Mouni, 1873 — 2ᵉ
Cartoux. Histoire des Vestales et de leur culte. *Paris*,
Lefuel, sans date — Ensemble 1 vol. et 1 brochure.

8. *Ouvrages sur la papauté*. — La convention du 15 septembre et l'encyclique du 8 décembre. *Paris*, 1865,
1 vol. in-8° 1/2 reliure chagrin rogné. — Fragments de
manuscrits du Vatican *Marseille*, 1817, in 8° 1/2 reliure
veau.— Histoire de la Papauté depuis son origine jusqu'à
ce jour, in-12. *Paris*, 1802, reliure veau, figure. —
Puaux. L'Anatomie du Papisme in 12, 1/2 chagrin.
Paris, 1846 — Doctrine de l'Eglise gallicane, *Genève*,
1757, reliure veau, plein. — Introduction philosophique du Christianisme, petit in 8° 1/2 toile, *Paris*, 1847.
—Lanfrey. Histoire politique des Papes, in-12 broché.—
Patrice Chauvierre. Histoire des conciles œcuméniques,
in-12, broché. *Paris*, 1879. — Ensemble 8 vol.

9. *Ouvrages sur les Religions*. — Les religions du monde
ou démonstration de toutes les religions et hérésies de
l'Asie, Afrique, Amérique et de l'Europe, escrites par le

s^r Alexandre Ross et traduit par Thomas La Grue, enrichy de figures en taille douce. *Amsterdam*, 1666, in-4 velin blanc. — L'histoire des religions de tous les royaumes du monde, par le sieur Jovet, chanoine de Laon, prieur de Plainchâtel. *Paris*, 1686, in-18 demi-toile. — Histoire des Druides et particulièrement de ceux de la Calédonie, par David de St -Georges, *Arbois*, 1845, in-8, demi-rel. veau. — Ensemble 5 vol.

10. La religion des anciens Romains tirée des plus pures sources de l'antiquité avec un discours sur la Castramétration, par M. du Choul, illustré d'un grand nombre de médailles suivant la copie à Lyon. *Dusseldorf*, 1748, in-4, demi-rel. veau tr. jasp., quelques taches, court de marges —J.-B. Thiers. Traité des expositions. *Paris*, 1704, 4 vol.—Pierre Le Brun. Histoire critique des pratiques superstitieuses, 2e édition, *Paris*, 1732, 3 vol. — Ensemble 8 vol. in-12 rel. veau plein, tr rouge.

11. Histoire du Concile de Trente, traduit de l'italien de Pierre Soave, par Jean Diodati, seconde édition. *Genève*, Pierre Chouet, 1636, in-4, velin blanc, mouillures. (*Livre protestant rare.*) — Erasme de Rotterdam. (Sentiments d'). conformes à ceux de l'Eglise catholique. *Cologne*, 1688, in-12, veau plein. Frontispice gravé.— De Mongeron. La Vérité sur les miracles de M. de Paris, ouvrage dédié au roy. *Utrech*, 1737, in-4, demi-rel., figures.— Ensemble 3 volumes.

JURISPRUDENCE.

12. Devilleneuve et Massé. — Contentieux et commerce. — Sorin. Code usuel.— Les Codes français.— Manuel des courtiers et des agents de change. Code Frédéric — Bresson. Des fonds publics. — De Maran. La rouge et la noire. L'Ecole de la Bourse. — Guide manuel de la Bourse. — Tableau des monnaies. — Chevalier. Intérêts matériels en France. — Formulaire du notariat.— Ensemble 14 vol. divers.

13. Dictionnaire de la pénalité, 5 vol.—Tripier. Les Codes français. — Rogron. Codes français expliqués. 3 vol. — Ensemble 9 vol.

SCIENCES & ARTS.

Sciences philosophiques.

Philosophie morale.

14. AGRIPPA (Henri Corneille). Traité de l'incertitude des sciences, traduit de l'anglais. *Paris*, 1714, in-12, veau plein, tr. jaspées. — (Un nom à l'encre s. le titre. — Apologie pour Hérodote ou traité de la conformité des merveilles anciennes avec les modernes, par Henri Estienne Nouvelle édition *La Haye*, 1735, 3 vol in-12, veau plein, tr. marbrées — Ensemble 4 vol.

15. BAILLY. — Lettres sur l'origine des sciences et sur celle des peuples de l'Asie, adressées à M. de Voltaire. *Londres*, 1777.— Lettres sur l'Atlantide de Platon et sur l'ancienne histoire de l'Asie Nouvelle édition. *Paris*, 1805, 2 vol. in 8, demi rel. , maroquin rouge, coins non rognés. — Chanet. De l'instinct et de la connaissance des Animaux avec l'examen de ce que M. de La Chambre a escrit sur cette matière. *La Rochelle*, 1646, 1 vol in-8, vélin blanc Figures, mouillures. —Ensemble 3 vol.

16. CHARRON, Pierre. — De la sagesse, trois livres, nouvelle édition. *Paris*, Chaigneau, an 5, 1797, 2 vol. in-12, demi veau, tr. marbrées. — Maximes et reflexions par M. de Levis Quatrième édition, *Paris*, A. Renouard, 1812, 2 vol. petit in 12, pap. velin, rel veau plein, dentelles sur les plats, tr. dorées. — Cicéron, les offices de — ou devoirs de la vie civile de P. du Ryer. *Paris*, 1646, in-12 velin ancien. (Le verso du titre et le feuillet blanc de la fin portent la marque imprimée à l'encre noire d'un prélat, avec la légende « ex libris du Sr P. Corneille ». Ensemble 5 vol.)

17. COURT DE GÉBELIN. — Monde primitif analysé et comparé avec le monde moderne, 1793, 8 tomes en 9 volumes, in-4, 1/2 rel. toile, tr. jaspées (manque le tome 9).

18. DISSERTATIONS CRITIQUES, HISTORIQUES ET RELIGIEUSES. — Mœurs des Israélites, de l'abbé Fleury, 1750, in-12, veau plein. — De l'avènement d'Elie, en France, 1734, 1/2 veau plein. — Dissertation sur la religion des Hindous, par M. B* *, in-12, 1759, veau plein. — Dissertations sur Elie et Enoch, etc., par M Boulanger, dix-huitième siècle, s. l., in-12, veau plein — De l'amitié, 2 édit. 1754, in-12, veau. plein, frontispice gravé. — Les caractères de l'amitié, 1760, in-12 veau plein, frontispice — Le théisme et l'athéisme comparés, par Bayle, in-8, demi rel. veau. *Paris,* an VIII. — Ensemble 7 vol.

19. *Divers.* — Senèque. OEuvres, 2 vols. — Leibnitz, 2 vols. — Malebranche. Métaphysique. Méditation Recherche de la vérité. — Tertullien. OEuvres. — Aristote. — Descartes. — Ensemble 9 vols in-12, 1/2 reliure.

20 *Divers.* — AUBRIN. Loisirs d'un républicain malgré lui 1 vol. in-8, demi-veau rouge. — Le citateur républicain, 1 vol. in-8, demi-veau. — Gautier. De l'ordre, 1 vol. in-8, demi-veau. — D'Haussez. Etudes morales et politiques, 1 vol. in 8, demi-veau. — Kératry. Du sublime et du beau 1 vol in-8 demi-veau. — Koéniz. La science du vrai, 1 vol. in-8, demi-veau. — Reynaud Terre et ciel, 1 vol. in-8, demi-chagrin. — Bonnetain. De l'humanité, 1 vol. in-8, demi-veau. — Regnier. Le bonheur dans la famille, 1 vol. in-8 demi-veau. — De la Chambre. Système de l'âme, 1 vol. in-8, demi-veau. — Ensemble 10 volumes in-8.

21. *Divers.* — Traité contre l'amour des parures et le luxe des habits, par l'auteur du traité contre les danses et les nouvelles chansons. *Paris,* 1779, in-12, veau pl. tr.m. Fénélon. Directions pour la conscience d'un roi. *Paris,* A. Renouard, 1835, in-12 demi-veau, tr. jasp., portraits ajoutés. — Pensées de l'empereur Marc Aurèle Antonin, traduites du grec par M. de Joly. *Paris* xi, 1803,

chez A. Renouard, in-12, demi-mar., dos orné, rel. de l'époque.—Recueil de divers écrits sur l'amour et l'amitié, la politesse, la volupté, les sentiments agréables, l'esprit et le cœur, A. R *Paris*, 1736, in-12, veau plein tr. dorées. — De Sacy. Traité de l'amitié, nouvelle édition *Paris*, 1774, in-12 demi veau.—Enfantin. La vie éternelle, 1 vol. in 8.—Enfantin, 1858. H. St-Simon, 1813. Science de l'homme, 1 vol. in-8. — Madame Gatti de Gamont. Fièvres de l'âme. Illustré, in-4.—Ensemble 8 volumes.

22. *Divers.* — Paroles d'un voyant. — Le grand livre du destin.—Le Nouveau Sinaï.— Des dates et des noms. — Divarication du nouveau Testament.—Le code de l'humanité. — Misophilantropoparutopies — Code naturel de la morale sociale. — Gagne. L'unitéïde. — En tout 8 vol. divers.

23. *Divers.*—LECAT. — Traité des sensations et des passions, 2 vol. in 8, demi-toile. — Amand. Homme univers et Dieu, 2 vol. in-8 demi-veau.— Cabet La science de l'homme, 3 vol. in-8, demi-toile.—Ensemble 7 vol. in-8.

24. *Divers.*—Le gouvernement républicain, 1 vol. in-12, an 3 de la République, demi-veau.—Actes des philosophes et des républicains, 1 vol in-8, 1807, demi veau. — Essai sur la propriété, 1 vol. in-12, 1821, cart.— Vie de Turgot, 1 vol. in-12, 1786, veau plein.—Histoire de la Révolution, 1 vol. in-18, 1792, veau plein. — Catéchisme populaire républicain, 1 broch. - Histoire de la Révolution française, 1 brochure. –Ensemble 7 vol.

25. *Divers.* — Horlogiographie, par Dom Pierre de Ste-Marie Magdelaine, nouvelle édition. *Paris.* 1680, in-8, demi-rel. veau, frontispice et figures. — Recherches sur les influences solaires et lunaires pour prouver le magnétisme universel, etc., par Robert de Lo-Looz. *Londres*, 1788, 2 tomes en 1 vol. demi rel, dans le même volume, Méthode simple et facile de déterminer les longitudes en mer, par M. de Sornay, avec pl.' et fig. — Deux spéculations fondées sur des anecdotes pour puiser au milieu de l'Océan de l'eau potable, avec pl. et fig. — Mémoire

physique et médicinal montrant les rapports entre la
baguette divinatoire, du magnétisme et de l'électricité,
par M. T**, de MM. (Tardif de Monravel), 1er et 2e mémoires, *Londres*, 1784, in-8, veau fauve.— Le spectacle
du feu élémentaire, par M. Ch. Robiqueau. *Paris*,1753,
in 8, veau fauve, nombreuses planches gravées — Am-
phithéâtre des écoles du sieur Cosme où l'on fait l'anatomie de l'homme. *Paris*, 1694 (par M. Dionis), in 8,
veau plein (figures anatomiques).—Ensemble 5 vol.

26 *Divers.* — A. PUJOL. Traité du Sublime de Longin,
in-8. — Leconte de Lisle. Hésiode. Hymnes orphiques,
in-8. — Les odes pythiques de Pindare, in-8. — R. Da
reste. Les plaidoyers civils de Démosthène, 2 vol. in 12.
— Anthologie grecque, 2 vol. in 12.— Ensemble 6 vol.

27. Education des mères de famille, par L. Aimé Martin,
Paris, Charles Gosselin, 1834. 2 vol. in 8, demi-rel.
veau bleu. — Lettres à Sophie sur l'histoire, par Fabre
d'Olivet, 2 vol. in-8 rel., *Paris*, 1801.   Le livre d'une
mère, par Mme Pauline L. (Mme Louis Ulbach). *Paris*,
Michel Lévy, 1875, 1 vol. in-8 broché. Ensemble 5 vol.

28. LÉLUT. — Le démon de Socrate. *Paris*, Levavasseur,
1829, in-8, demi-veau vert, tr. jaspées. Portrait litho-
graphié. — 1re édition sans nom d'auteur (qques jaunissures), titre réparé — Essai sur les préjugés Ouvrage
contenant l'apologie de la philosophie, par M*** (par le
baron d'Hollbach, avec des notes de M. Naigeon). *Londres* (*Amsterdam*, M Mich. Roy), 1770, in-8, rel. ancienne, maroquin vert, tranch. dor. — Ensemble 2 vol.

29. *Ouvrages divers de controverse.* — Voltaire jugé
par les faits, par M***. *Paris*, 1817, in-8, demi-
rel. avec une pl. coloriée, (rare). — Voltaire de
retour des ombres. *Paris*, 17?6, in-12, demi-toile.
(Taches et réparations.) — Singularités historiques ou
tableau critiques des mœurs de différents siècles. *Londres*, 1788, in 12, veau plein. — Histoire secrète de la
reine Zarah ou la duchesse de Malborough démasquée.
Oxford, chez Alexandre-le-Vertueux, à la *Pierre de
touche*, 1712, in-12, veau plein, tr. rouge. (Très rare).
— La vie du fameux père Norbert, par l'auteur du Col-

porteur. *Londres*, 1763, in-12, cart. pap. — Raisonne-
ments de la Mesnardière sur la nature des esprits. *Paris*,
1638, in-12, demi-toile. — Recueil de ces Mémoires
Amsterdam, 1745, in-12, veau plein, tr. dorées. — Nore
(de) Alfred. Les animaux raisonnent. *Paris*, Delahaye,
1 vol. in-8, demi-veau fauve, tr. jaspées. (Figure). —
Ensemble 8 vol.

30. La sagesse de Salomon, paraphasée par Guilbert. curé
de Berville. *Paris*, 1631, petit in-8, vélin ancien. Frontispice de Lochon, bon état. (Tache d'encre f° 344) —
R. P. J. F. Senault De l'usage des passions. *Paris*,
1664, in-12, veau plein, tr. jaspées. — Schafstbury (de).
Lettre sur l'enthousiasme, traduite de l'anglais, par
Samson. *La Haqe*, 1709, 1 vol. in-8, vélin blanc ancien.
— Dans le même volume de J. Tolando. Díssertationes
duæ, adeisidæmon et Origines Judaïcæ, Hugæi Comitis
1709. (Mouillures). — Le tableau de Cèbes où il est
traité de la manière de parventr à la félicité naturelle.
Paris. 1653, in-8, vélin blanc (Papier jauni). Traduction de Gille Boileau. — Pastoret (de). Moïse, considéré
comme législateur et comme moraliste. *Paris*, 1788,
demi-veau veit, tr. jaspées. — Ensemble 5 vol.

Sciences mathématiques et naturelles.

31. Annuaire du bureau des longitudes , années 1844,
1846, 1848-49, 1851, 1862, 1867, 1868 et 1875, en
tout 9 années, rel. en 9 vols demi-cart. toile, tr. jaspées.

32. COURTIN. Encyclopédie moderne ou dictionnaire
abrégé des sciences, des lettres et des arts. *Paris*, 1832,
24 vol. in-8 cartonnés toile, tr. jaspées avec 2 vol. de
planches. — Ensemble 26 vol.

33. DE LA CHAMBRE. — Nouvelles pensées sur les
causes de la lumière, du débordement du Nil et de
l'amour d'inclination. *Paris*, 1634, in-4 relié veau plein,
tr. rouges (reliure ancienne, armoiries sur les plats).

34 Dictionnaire des découvertes , inventions , etc. En
France, de 1789 à 1820. Ouvrage rédigé par une Société

de gens de lettres. *Paris*, 1822, 17 vol. in-8 cartonnés toile, tr. jaspées.

35. Desroches. Cours de chimie et de physique. — Morgan. Essai sur les phénomènes de la vie. — Pétron. Traité d'hygiène et de médecine — Bourdon. Physiologie comparée. Physiologie médicale — Ensemble 5 vol. in-8 reliés 1/2 veau couleurs variés.

36. Callet. — Logarithmes , 1849, in-8, demi-rel. — Despretz. Physique, 1832, in-8 — Essamor Instruction sur logarithmes, plaquette — Buchner Force et matière, in-8, bleu foncé, demi-rel. avec fleurons - Molé Réputation, force et matière, in-8, demi rel. — Ensemble 5 vol.

37. Payen. — Chimie en 26 leçons. — Arago. Leçons d'astronomie.—Desmarest. Chimie —Martin. La foudre. — Regnault. Chimie. - Kaemaz. Météorologie. — Beudaut. Minéralogie. —Mine Edwards Zoologie. — Ganot. Traité de physique —Delamar. Mécanique. — Lacroix. Géométrie.—Calcul des probalités.— Legendre. Géométrie. —Ensemble 13 vol. in-12.

38. Histoire naturelle de l'or et l'argent. extraite de Pline, le naturaliste, avec le texte latin et un poëme sur la chute de l'homme et sur les ravages de l'or et de l'argent, par David Durand. *Londres*, 1729, in-f., veau plein, frontispice gravé.

39. Journal de la Société d'horticulture, années 1867 à 1880 inclus 14 volumes in-8, demi cart. toile.—Années 1881, 1882, 1883, 1884, 1885 en livraisons et 1886 également en livraisons mars, mai, octobre, novembre, et décembre manquent.

40. Journal des savants, par le sieur de Hedouville. *Paris*, 1665, 1 vol. in-4, relié veau plein, tr jasp. — Premi r volume de cette collect on (exemplaire bien complet) avec les deux planches et la table.

41. Laplace. (OEuvres de). *Paris*, imp. royale , 1843. In-4 cartonné dos toile, tr. jaspées. (Tome premier seulement). — Manuscrit. Traité de physique, 1784, in-8 de 400 pages environ, texte latin d'une bonne écriture,

demi-rel. maroquin rouge , non rogné. Sur le titre signature de l'auteur « Lefrançois de Camp-rose. » (Quelques mouillures). — De Jussieu. Traité des vertus des plantes. Manuscrit format in 12 veau plein, d'une très belle écriture italique du XVIII° siècle (rel. de l'époque). — Ensemble 3 ouvrages.

Politique. — Economie sociale.

42. *Divers.* — Principes de population. 3 vol. in-8 demi-basane.— Fievée. Correspondance avec Bonaparte, 3 vol in-8 demi-toile. — Vattel Le droit des gens, 1 vol. in-8 demi-toile. — Brougham. Théologie naturelle, 1 vol. in-8 toile. — Vatelle. Mécanisme, 1 vol. in-8 demi-toile. — Les avantages de la vérité, 1 vol. in-8 demi-toile. — Mendelsolm. Phédon. 1 vol in-8 demi-toile.— Abbé de Tressan. La mythologie comparée, 1 vol. in 8 1/2 toile. — De la Rocca. La Corse et son avenir, 1 vol. in-8 demi-toile. — Véron. Mémoires d'un bourgeois de Paris, 1 vol. in-8 demi-toile. — Ensemble 14 volumes in-8.

43. De Tocqueville. Système pénitentiaire aux Etats Unis. — Guichard. Manuel de politique Ethocratie. Colins. Socialisme rationnel. — Organisation communale. — Doctrines des Jésuites : Leone Conjuration des Jésuites. — Colins Qu'est-ce que la science sociale, 4 vol. reliés en deux. — Annuaire des sociétés savantes. — Ensemble 9 vol. formats divers.

44. Lamennais. Livre du peuple. — Fontenelle. Pluralité des mondes. — Thiers. De la propriété. - Testament de la Paria. — L. Blanc. Organisation du travail. -- Union ouvrière. — Ch. Fourier. — Solidarité. — Lecouturier. La Cosmosophie. — Principes de la politique extérieure. — Mystères du travail. — Le sublime. — Bancel. Révolutions de la parole. — Ensemble 13 vol.

45. Cathechismus concilii tridentini. — Proyart. Education publique. — Le mendiant boiteux. — Manuscrits de Fourier. — Michelet. Le Peuple. — Anciens évan-

giles. — Hennequin. Les Juifs. Législation. — Renan.
Vie de Jésus. — About. La question romaine. — Ensemble 9 vol. formats divers

46. Manzoni. — Histoire de la colonne infâme. — Delavigne. Histoire du moyen-âge. - Darlu. Réflexions sur l'adversité. — De la Hodde. Histoire des sociétés secrêtes. — Spies. Du péché originel. — Lecouturier. La cosmographie. — Laromiguière. Leçons de philosophie. · Méditations sur la mort et l'éternité. — Pierre Leroux. Le drame de Job. — De Saillet. Ciel et terre. — De Comberousse. Jésus-Christ et l'évangile poétique. — Ensemble 11 vol. formats divers.

47. Prévost Paradol. — La France nouvelle. — Lanfrey. Essai sur la Révolution française. — Quinet. La Révolution, 2 vol. — De la Guéronnière. La politique nationale. - L'art d'être heureux, 1 vol. in-8, demi veau vert. — Desserres de La Tour. Du bonheur, 1 vol. in-8, rel. pleine, veau fauve. — Opinion sur le bonheur, 1 vol. in-8, rel. pleine, veau fauve. - Delessert. Guide du bonheur, 1 vol. in-8, demi veau rouge. — Ensemble 9 vol.

48. Encyclopédie des connaissances utiles, 2 vol. gr. in-8. — Œuvres de J.-B. Say, in-8. — Courcelle-Seneuil. Economie politique, in-12. — Ensemble 4 vol. demi rel. variées

49. Francklin. — Recueil contenant : 1º The way to wealth on poor Richard, improved, *Paris*, Ant.-Aug. Renouard, 1795, très joli portrait de Francklin par Duplessis-Bertaux, gravé par M. Tardieu. — 2º la science du bonhomme Richard, 1795, in-18, demi-rel. veau non rogné. — Manuel de philosophie pratique pour servir de suite à la science du bonhomme Richard. *Lausanne,* 1795. — Dissertation sur l'Amérique et les Américains contre les recherches philosophiques de M. de D..., par Don Pernety. *Berlin*, in-12, 1770, demi-toile, titre réparé, taches. — Ensemble 3 vol.

DOCUMENTS RELATIFS A LA BANQUE DE FRANCE

Livres, brochures, collections, manuscrits notes sur les travaux et sur la jurisprudence, etc.

50. Recueil de pièces an VI à 1858. — Comptes rendus an IX à 1814 ; id. 1815 à 1829; id. 1830 à 1844; id. 1845 à 1858 ; id. 1859 à 1868 ; id. 1869 à 1882. — Dispositions législatives qui régissent la Banque, jusqu'au 4 août 1874 (exemplaire officiel), un volume relié toile verte. — Registre manuscrit, d'arrêtés, décisions, avis, jugements concernant les actions de la Banque, dividen les, transferts, mutations, etc., relié en toile grise. — Six cartons pareils, dos en basane verte, contenant savoir : 1° personnel jusqu'à 1859 ; 2° id. de 1860 à 1874 ; 3° journal, caisse de réserve ; 4° situations, notes en dehors de la collection ; 5° travaux de l'escompte; 6° travaux du comptant. — Adresses des comptes courants 1873.—Situations de la caisse de réserves – Banque de France, bureau des actions.—Modèles de formules imprimées.—Mes circulaires aux succursales —Statistique, notes diverses. — Doublement des actions en 1857.—Notes sur les travaux (bureau des actions).—Organisation du travail dans les bureaux et caisses de la Banque de France.—Bureau des avances warrants, instructions diverses , bureau des dépôts. — Banque de France, topographie, jurisprudence. Lois sur le timbre.—La banque de France et l'Etat, 1861. — Banque de France l'Escompte à 2 p. 0/0. 1863. — L'escompte fixe et invariable à 2 p. 0/0, 1863. — La Banque de France, 1863.—Cuchevul-Clarigny. Considérations sur les Banques d'émission, 1864. — L'Escompte à 7 p. 0/0, 1865. — Enquête sur la circulation monétaire et fiduciaire, 1865. — De l'origine des crises monétaires et des moyens a employer pour les prévenir, 1865. — Deux pour cent (revue britanique) 1868. — M. Ad. Vuitry. L'impôt avant et depuis 1789. 1863. — Id. Discours du 9 janvier, 1864 —Id. Discours du 9 mai, 1864. — Id. Discours du 9 juin, 1865.—Comte de Germiny.Emprunt de 300 de millions, 1864.—Id. Banque de France et de

Savoie, 30 mai 1864. — Enquête sur les principes et les faits généraux qui régissent la circulation monétaire et fiduciaire : 1° déposition de M. Wolowski, séances des 21, 28 et 30 novembre 1865, 1 vol. in-f. imprimerie impériale, décembre 1866 ; 2° déposition de Messieurs les délégués de la Banque de France, extraite de l'enquête de 1865-1866, gr. in-8 imprimerie impériale, 1867 ; 3° dépositions complémentaires de Messieurs les délégués de la Banque de France, extraits de l'enquête, gr. in 8, 1870, imprimerie impériale. — Bonnet. La liberté des Banques d'émission et le taux de l'intérêt, 1 vol. in-8, Guillaumin, 1864. — La Banque de France et la Banque de Savoie, 1 vol. in-8, Panckoucke, 1863. — Id principes de la constitution des Banques, 1 vol. in-8 Dupont, 1865.—Isaac Pereire. La Banque de France et l'organisation du Crédit en France, 2ᵉ édition, br. in-8. — Etude sur la circulation monétaire, la Banque et le Crédit, par M. P.-G. Coullet, *Paris*, 1865, in-8 br. — L. Wolowski. La questions des Banques, *Paris*, 1864, in-8 br.—Enquête sur les principes et les faits qui régissent la circulation monétaire et fiduciaire, dépositions de Messieurs les délégués de la Banque de France, *Paris*, 1867, gr. in-8 br. — Même enquête, dépositions complémentaires, 1870, gr. in-8 br. — Même enquête, déposition de M. Wolowski, petit in-f, 1866.— Ensemble 6 vol.

51. Petits traités de l'Académie, 3 vol in-18. *Paris*,, Pagnerre-Paulin et Cⁱᵉ, Firmin-Didot, 1849, demi-rel., veau fauve avec pièce, tr. jaspées. — Froment. La police dévoilée depuis la restauration et notamment sous MM. Franchet, Delavau et Vidocq. *Paris*, 1830, 3 vol: in-8, demi-basane. - Ensemble 6 vol.

52. De la naissance, durée et cheute des états, par René de Lusinge, sieur des Alymes. *Paris*, Marc Ory, 1588, in 8, demi-reliure veau, (mouillures). — Louis Le Roy dit Régius. Exhortations aux Français pour vivre en concorde et jouir du bien de la paix. *Paris*, J. du Püis, 1570, in-8 demi-rel. basane, plats velin. Une déchirure dans le coin supérieur du dernier feuillet et un trou de ver dans le haut des 6 dernières pages. De la bibilothè-

que de Mme Récamier. — Satyre Menippée. De la vertu
du catholicon d'Espagne et de la tenue des Etats de
Paris. *Ratisbonne*, 1752, 3 vol. in-12 rel. pleine veau
fauve (figures). — Ensemble 5 vol.

Hygiène. — Médecine.

53. L'amour dévoilé ou le système des sympathistes, s. d.
1759, in-12 veau plein. Dans le même volume : Des
causes et des remèdes de l'amour, par J. F., médecin
anglais. *Londres*, 1773. — Nouveau système sur la
génération de l'homme et celle de l'oiseau, par Ch. de
Launay. *Paris*, 1726, in-12 veau plein (rare). — La
nymphomanie ou traité de la fureur utérine, par T. de
Bienville, nouvelle édition. *Amsterdam*, 1784. —
Dr E. Baudot. Traité des affections de la peau, d'après
les doctrines de M. Bouzin. *Paris*, 1869, in-8 broché. —
Ensemble 4 vol. — Le demosterion de Roch le Baillif,
Edelphe médecin spagiric, auquel sont contenus 300
aphorismes latins et francois, sommaire véritable de la
médecine paracelsique extraicte de luy en la plus part,
par le dict Baillif. *Rennes*, 1578, in-8 rel. veau plein,
tr. dorées, dos orné, filets sur les plats (rel. du
XVIIIe siècle) (Le titre est un peu moins large que le
reste du texte, bel exemplaire malgré qques jaunissures).
54. Questions naturelles et curieuses, contenant diverses
opinions problématiques recueillies de la médecine....
où se voient plusieurs proverbes populaires fort plaisants
et récréatifs.... curieusement recherchés par P. Bailly,
docteur en médecine, le tout par ordre alphabétique,
Paris, 1628, in-8 demi-rel.,veau, dos orné, tr. peigne,
fortement mouillé et tache. — Poudre de sympathie,
Discours fait en une célèbre assemblée, par le chevalier
Digby, touchant la guérison des plaies par la poudre de
sympathie. *Paris*, 1669, in-12 veau plein, tr. rouges —
Manuscrit. Abrégé de physcologie, par M. Hermann,
in-8 de 298 pages, d'une très jolie écriture du XVIIIe
siècle, titre avec encadrement dessiné à la plume, rel.
veau plein, tr. rouges. — Nouveau traité de la Théria-

que, par Christophe de Jussieu, maître apothicaire en la ville de Lyon. A. Trévoux, 1708, in-12, veau plein, tr. rouges. — L'hydre morbifique exterminée, par l'Hercule chimique ou les 7 maladies tenues pour incurables... par David de Planis-Compy, dict l'Edelphe chirurgien du roy. *Paris*, 1628, in-8 rel. veau plein. tr. rouges, frontispice gravé. Mouillures et taches. — Recherches sur les vertus de l'eau de goudron... traduit de l'anglais du docteur G. Berkeley, évêque de Cloyne. *Amsterdam*, 1755, in-12, veau plein, tr. rouges. — Ensemble 6 vol.

55. DEBAY. Hygiène du mariage. — Documents relatifs aux eaux de Paris — Jouvencel. Commencement du monde. — Les déluges. — La vie. — P. Roux. Hygiène pure — Dr C. Miot. Traité pratique des maladies de l'oreille, avec 16 gravures dans le texte et 4 pl. chromo-lithographiées *Paris*, 1871, in 8 broché. — Noirot. L'art de vivre longtemps, 1 vol. in-18 demi-rel. veau. — Pecqueur. Améliorations matérielles, 1 vol. in-12 demi-veau. — Ensemble 9 vol.

56. La vapeur. — Raspail. Annuaire de la santé. — Dubois. Le médecin de soi-même. — Traité de galvanoplastie. — Auber. Guide du baigneur à la mer. — Decœuves. Psychologie. — Le régime pythagorien. — Le gui-sen. — Des fleurs blanches. — L'onanisme. — De Lignac. L'homme et la femme. — Médecine sans médecin. — Cid. Essai de calliplastie. — Hippocrate.— Ensemble 14 vol. in-18 reliés demi-veau et toile.

57. Burggraeve. Le livre de tout le monde sur la santé. — Bouchardat. Physique élémentaire. — Histoire naturelle — A. Piorry. La médecine du bon sens. — Tripier. La vie et la santé. — Buffon. Histoire naturelle de l'homme. — Jamain. Anatomie descriptive. — Ensemble 7 vol. in-12 reliés demi-veau et chagrin, couleurs variées.

58. A. C. D. Manuel de santé. — Cornaro. Ecole de Salerne. — Janet. Le cerveau et la pensée. — Bourdon. Physiognomonie et phrénologie. — Illustres médecins et naturalistes. -- Caron Manuel de santé. — A.

Gauthier. Médecine dans les simples. — Carnet. Maladies de l'estomac. — Médecine populaire. — Payen. Des substances alimentaires —Ensemble 10 vol in-12 reliés demi-veau, couleurs variées.

59. Du mariage considéré physiquement. — Martin. Dangers de l'amour. — Seraine. Santé des gens mariés — Cazenave. Décoration humaine. — Des soins à donner aux malades. — Jozan. Maladies des voies urinaires. — Mayer. Des rapports conjugaux. — Callipédie. Angine. Dents. — Ensemble 8 vol. in-12 reliés demi-veau, couleurs variées.

60. Le médecin des campagnes —Bourdin — Traité de la catalepsie. — Matières médico philosophiques.—La gérocomie — Macquart. Dictionnaire de santé, 2 vol. — Matières médicales. — Itard. Hygiène domestique — Pauilhé. Astronomie des gens du monde, 9 vol. in-8, reliés demi-veau, couleurs variées.

61. Le conservateur de la vue, br. in-8 demi-basanne. — Lacaille. Traité d'optique 1 vol. in-8 demi-toile suivie de Farcie, cours de perspective. — Scarpa. Maladies des yeux, 1 vol. in 8 demi-veau. — Desmonceaux. Maladies des yeux et des oreilles. 2 vol. in-8 demi-basane — Carron du Villards. Maladies des yeux. 2 vol. in-8 demi-chagrin. — Rognéta. Traité d'ophthalmologie, 1 vol. in-8 demi chag. vert. — Coullin. Hygiène des yeux. 1 vol. in-8 demi veau. — Laurence. Maladies des yeux. 1 vol. in-8 demi-veau. — Ensemble 12 volumes in-8.

62. CALMEIL. De la folie, 2 vol. in-8 demi-rel. veau. — Broussais. de l'irritation et de la folie. 2 vol. in-8 demi-chagrin — Brierre de Boismond. Du suicide et de la folie suicide. 1 vol in-8 demi-veau. — Du même : Des hallucinations. 1 vol. in-8 demi-veau. — Ellis et Archambault. Aliénation mentale. 1 vol. in-8 demi-veau. — Ensemble 7 vol. in-8.

63. Hygiène de la vue. 2 plaq. — Joulin. Causeries du docteur. — Le secret de vivre sans vieillir, in-8 br. — Bouchut. Histoire de la médecine et des doctrines médicales, 2 vol. in-8 br. — Barthez. Nouveaux éléments de la science de l'homme, 2 vol. in-8 br. — Dubois. Elo-

ges lus à l'Académie de médecine, 2 vol. in-8 br. — Norgen. Code thérapeutique, 1 vol. in-4 demi-chag. — Ensemble 11 volumes.

64. Bossu A.— Anthropologie, 2 vol. in-8 demi-veau. — Hureaux. Histoire des falsifications, 1 vol. in-8 demi-veau. — Béclard. Traité de la physiologie, 1 vol. in-8 demi-veau. — Boutan et d'Alméida. Cours de physique, 1 vol. in-8 demi-veau. — Bibliothèque physico-écono·mique , 1787. — Hygiène. — Desbruères. Hygiène des femmes. — Bouchardat. Formulaire magistral. — Agenda du chimiste, 1879. — Traité des métaux. — Traité des cheminées. — Moyens de désinfecter l'air. — Pharmacologie recueil. — Fourneaux philosophiques.— Ensemble 14 vol. divers reliures.

65. Considérations sur la vie humaine et les moyens de la prolonger, 1 vol. in 4 br.— Hureaux. Notre délivrance. — Guérin. Guide de la santé, surdité, 1 vol. demi rel.— De Montdésert. Cours d'hygiène.—Dubois. La médecine nouvelle. — Sappey. Splanchnologie. — Bouillier. Du plaisir et de la douleur. — Froissac. Les trois fléaux. — Id. La longévité humaine. — De St-Vincent. Nouvelle médecine des familles, 1 vol. rel. — Caunière. De la médecine naturelle.—Rambosson. Les lois de la vie. — Landry. L'homœopathie vulgarisée. —Ensemble 12 vol. formats divers.

BEAUX-ARTS

Dessin, Peinture, Gravure, Architecture, Arts divers.

66. Andreæ Alciati, emblemata. *Parisis*, 1589, in-8 demi rel. veau très jasp. fig. sur bois, mouillurés. (Exémplaire un peu court).

67. Dejean. — Traité raisonné de la distillerie, 1 vol. in-12 interfeuillé de papier blanc. *Paris*, Bailly, 1777, demi-reliure maroq. tr. jasp.—Dissertation sur les vins,

1 vol. in 12, demi rel toile. *Paris*, Didot, 1772 — La véritable maniere de faire le Punch, brochure. — Th. Chriten. Traité scientifique de l'art du lapidaire avec planches, dessins, ustensiles et outils relatifs à cet art. *Paris*, sans date (1862), 1 vol. in 12 demi rel chagrin brun tr. jasp — Ensemble 4 vol. dont 3 reliés.

68. Annuaire des sourds et muets de Burges. — Sicard. Instruction des sourds et muets.—Réforme pénitentiaire. — Ensemble 3 vol. div. rel.

69. L'art d'empailler les oiseaux. *Lyon*, 1802, 1 vol. in 8 demi-veau.—L'amateur des oiseaux, 1 vol. in 8 demi-veau.—Buffon. Les oiseaux 3 vol. in-8 demi-veau — D'Arcet. Art de dorer le bronze. — Ville de Paris. Prix des travaux de bâtiment. — Pierrot. Le charpentier et menuisier des campagnes —Manuel des propriétaires — Flachat. Mécanique industrielle.— Ensemble 10 vol.

70. SILBERMANN — Album typographique publié à l'occasion de la quatrième fête séculaire de l'invention de l'imprimerie, 1 vol. in 4. *Strasbourg*, G Silbermann, 1840 —P. Dupont Histoire de l'imprimerie, 2 vol in-12, demi rel veau fauve avec pièces, tr. jaspées. *Paris*, 1854.

71. De Romé de l'Isle. — Métrologie ou tables pour servir à l'intelligence des poids et mesures des anciens et principalement à déterminer la valeur des monnaies grecques et romaines. *Paris*, 1789, in-4 demi rel veau, tr. jasp. — Manuel monétaire et d'orfèvrerie, par Aug. Bonnet *Paris*, 1810, in 4 demi-rel. — Traité du calcul des intérêts composés et simples, par Moulin Colm. *Paris*, 1846. in 4 demi-rel. — Documents statistiques sur la France, publiés par le Ministre du commerce. *Paris*, 1835, in f° broché. — Collection générale des tableaux de dépréciation du papier monnaie. *Paris*, 1825, in-12 demi rel.—Ensemble 5 vol.

72. Manuels Roret. Sorcier, 1841. — Serrurier, 1840. — Daguerreotypie —Météorologie, 1842.—Sourds et muets 1839 —Peintre, 1843.—Photographie, 1861. — Physique amusante, 1826.—Id. 1831. — Perspective, 1841. Coloriste, 1834.—Menuisier, 1835.—Dessinateur, 1842.

— Chimie amusante, 1842. — Mécanicien plombier, 1857.—Maçon, 1864.—Du tabac, 1836.—Ensemble 17 vol. in-18, demi rel.

73. Formules et recettes —Astronomie. — Mécanique. — Raymond Dictionnaire des arts et métiers.—Manuel de l'oiseleur. — Huhot Manuel de minéralogie, 2 vol. — Manuel du relieur — Almanach de la cuisine, 1860. — Atlas de minéralogie — Sonnet, géométrie.—Manuel du manufacturier.—Montucla. Quadrature du cercle.—Art de lever les plans —Sonnet Planches. — Manesse. Art d'empailler les oiseaux — Oiseaux de volière et de basse-cour —Ensemble 17 vol formats divers

74. *Emblêmes.*—J. Baudoin. Recueil d'emblêmes divers. *Paris*, 1646, 2 vol. in-8, demie rel. veau fauve, tr. marbrées. — Iconologie ou explication nouvelle de plusieurs images emblêmes — et autres figures. OEuvre augmentée d'une seconde partie, nécessaire à toute sorte d'esprits... tirée des recherches et des figures de César Ripa, moralisées par J. Baudoin. *Paris*, 1644, in-f. demi-veau, taches et mouillures. — Idea de in principe politico christiano, representada en cien empresas, por Don Diego de Saavedra Faxordo. *Amstelodami*, apud Jansonium juniorem, 1659 (1639), in-32 velin blanc, orné à recouvrement. Recueil de 100 emblêmes finement gravés, avec texte en latin, très bel exemplaire avec un joli frontispice gravé. — Ensemble 4 vol.

75. Les images des dieux anciens, par Antoine du Verdier, in-8, demi-rel., veau vert, tr. jaspées, dans le même volume, Histoire généalogique des dieux anciens, par E. Laplonce-Richette, *Lyon*, 1623. (Manque le titre).—Mouillures. Nombreuses fig. sur bois.

75 *bis*. Exposition de Vienne 1873. Album de salon. Le Masque de fer. — Ensemble 3 vol , in-f°, cartonné toile.

76. VERRIEN.— Recueil d'emblèmes, devises, médailles au nombre de plus de 120, accompagné de 2,000 chiffres fleuronnés, etc. Ouvrage enrichi de 250 pl. en taille douce. *Paris*, 1724, in-8, demi-veau non rogné. (Les planches manquent)—Dans le même volume, Essai d'un dictionnaire contenant la connaissance du monde....

représenté per des figures hiérogliphiques, expliquée:
en prose et en vers. *Amsterdam*, Daniel de la feuille
1700. L'une des planches a été coloriée — Blaise de Vigenère. Traité des chiffres, par B. de V., bourbonnais
Paris, A. Langélier, 1686, in-4. demi-rel. neuve, chagrin vert, tr. jaspées.— Exempl. incomplet du titre qu
a été refait à la main.

77. Malbec de Tréfel (JEAN) — Recueil des remède:
et secrets tirez des mémoires de M. le chevalier Digby.
chancelier de la reyne d'Angleterre. Avec plusieur:
autres secrets parfums, tous experimentez. *Paris*, 1669.
in-8· velin blanc ancien. Fortes mouillures fin du
volume.— L'abbé Haüy. Traité des caractères physi-
ques des pierres précieuses pour servir à leur détermi-
nation lorsqu'elles ont été taillées. *Paris*, 1817, in 8
demie-rel. chagrin, tr. jaspées. Exemplaire de don par
l'auteur à Monsieur Arago, envoi autographe. Quelque:
cahiers jaunis. — Ensemble 2 vol.

BELLES-LETTRES.

Linguistique.

78. BOISTE. — Dictionnaire universel *Paris*, Didot.
1836, 1 vol in 4 veau plein bel exemplaire, 8e édition.
revue par Ch. Nodier.— Court de Gébelin Histoire naturelle de la parole ou précis de l'origine du langage e
de la grammaire universelle (extrait du monde primitif).
Paris, 1776, in8, demi-rel veau fauve, tr. jasp fig —
La cantatrice Grammairienne ou l'art d'apprendre l'or-
thographe française, seul sans le secours d'un maître.
par le moyen des chansons érotiques, villageoises, ana-
créontiques, avec un portrait des poètes chansonniers les
plus agréables de notre nation et un modèle de lettres
mélées de réflexions sur le style épistolaire. « Ouvrage
destiné aux dames et dédié à Mme la comtesse de Beau-
harnais, par l'abbé ***, de Grenoble. » *Genève*, 1788, 1

vol. in-8 cart. piqures, titre doublé, quelques pages
salies, le portrait manque —Ensemble 3 vol

79. DU BOIS (Louis). Glossaire du patois normand, aug-
menté des deux tiers, et publié par M. J Travers. *Caen*,
Hardel, 1856, 1 vol. in 8 1/2 veau, tiré à 150 exemplaires (Exemplaire avec lettre d'envoi à M. Choppin)

80. FURETIÈRE — Dictionnaire universel, 2 vol. gr.
in 4. rel. demi-veau avec fers.

81. Ouvrages sur la langue française. — Des Tropes, par
du Marsais, 1757, in 8, veau plein.— Synonymes François de Girard, in-12, 1759, veau plein. — Homonymes
français, par Philipon de la Madelaine, 1817, in-8 veau
plein.—Darbois. Dictionnaire des dictionnaires, gr. in-8,
1830 demi-toile.—Bescherelle jeune. Le véritable manuel des participes, *Paris*, 1856, in-12, demi-rel.— Gi-
lard. Grammaire pratique de la langue française, 1837,
in-8, demi-veau.—Albert Montémont. Grammaire générale, 1845, 2 tomes en un vol. in-8. demi-toile. — Bescherelle aîné. Grammaire nationale, gr. in-8 demi-rel.,
tr. jaspées. — Fortia d'Urban. Essai sur l'origine de
l'écriture sur son introduction dans la Grèce et son usage
au temps d'Homère. *Paris*, 1832, in-8, demi-rel , veau
bleu, tr. jaspées avec planches noires et en coul. — Gra-
nier de Cassagnac. Histoire des origines de la langue
française. *Paris*, 1872, un vol. in-8, demi-chagrin, tr.
jaspées.—Ensemble 10 vol.

82. Ouvrages sur les langues, l'écriture et la sténographie,
par Thurot, Faure, Ouvaieff, Morgon, Cavanach, Ber-
gier, Taylor, Bertin, Cadres, Marmet, Vidal. Ensemble
8 vol.

83. Onvrages sur les Hébreux et la langue hébraïque.—
Grammaire hébraïque, par Sarchi, 1828, in 8, demi-
rel.— Histoire des Hébreux, par Rabelleau, 2 vol. in-
8, demi-rel. *Paris*, 1826.—Aloïm et les dieux de Moïse,
par P. Lacour. *Bordeaux*, 1839, 2 tomes en 1 vol. in-8,
demi-rel., figures. — Appel à la justice des nations et
des rois, par Michel Berr, in-8, veau plein, *Strasbourg*,
1801. — Herder. Poésies des Hébreux, in-12, *Paris*,

1845, demi-rel.—La Messiade, poëme en vingt chants, par Klopstock. *Paris*, 1840, in-12, demi rel.—Ensemble 7 vol.

84. GARCIN DE TASSY. — Rudiment de la langue hindoustani à l'usage des éleves de l'école des langues orientales vivantes. *Paris*, 1819, in-4, demi-rel., chagrin vert, tr. jaspées.

85. S.-J. HONNORAT. — Vocabulaire français. — Provençal *Digne*, 1848, 1 tome in-12, relié en 2 vol. demi-rel. rel. veau rouge tr. jasp.

86. WILSON'S —Dictionnaires français, anglais et anglais-français. *Paris*, Galignani, 1833, 2 vol. gr. in-8, demi veau bleu, quelques tâches jaunes au titre..

BELLES-LETTRES

Poëtes français.

87. Bibliothèque poétique ou choix d'épigrammes, madrigaux, portraits, etc., auquel on a joint des questions ingénieuses et piquantes avec les réponses en vers. *Paris*, Barba, 1828, 2 vol. in-8, demi-veau, tr. jasp., mouilres. —Bonvalot (Antoine-François). Odes. *Paris*, 1850, 1 vol. gr. in 8, demi veau vert, tr. jasp., vignette sur le titre. — Dorat. Mes fantaisies. *Amsterdam*, 176ˣ. — La dunciade ou la guerre des sots, (par Palissot), poëme. *Chelsea*, 1704, in-8, veau fauve tr. rouge, rel. ancienne, édition originale.—Ensemble 5 vol.

88. Pichot (Léon). — Maximes, appréciations diverses et poésies, 2ᵉ édition. *Paris*, Garnier, 1851, 1 vol. in 8, demi-veau, tr. jasp. — Mollard (Clara-Francia). Grains de sable. *Paris*, Delloye, 1840, 1 vol. in-8 demi-veau, tr. jasp. (Feuillet jaunie). — J.-Ch.-J. Luce de Lancival, professeur de belles-lettres. Achille à Scyros, poëme en 6 chants. *Paris*, Fain, 1807, nouvelle édition, 1 vol.

rel. veau plein. — Fables diverses, 2 vol. — De Juge. Le fabuliste des Alpes. — Montesquiou. Le fablier des fleurs. — Ensemble 7 vol. in-12, rel. diverses.

89. VADÉ. — Œuvres complettes ou recueil des opéra-comiques avec les airs, rondes et vaudevilles, nouvelle édition. *Troyes*, an VI, 6 vol. petit in-16, veau plein, tr. jasp. — Moncrif. (Œuvres de) nouvelle édition. *Paris* 1768, 4 vol. in-16, veau plein, dos orné, tr. rouges, figures et portrait. — Ensemble 10 vol.

90. LEGRET. Mon portefeuille ou recueil de mes opuscules. — La mort d'Abel. — La danse. — La Gastronomie. — Choix de poésies. — Villodon. Les bucoliques. — Coquerel. Poésies. — De Perthes. Poésies. Cantiques. Lemercier. Berologues. — Philippiques de Lagrange, Chancel. — Ensemble 11 vol. reliures diverses.

Poètes divers.

91. Œuvres de Clément Marot. *Lahaie*, 1714, 2 vol. in-18, veau plein. — La belle vieillesse ou les anciens quatrains de Pibrac, Dufour et Matthieu, nouvelle édition, *Paris*, 1747, in-12, veau plein. — Odes de M. de la Motte, seconde édition, *Paris*, 1719, in-12, veau écaille tr. dorées, armories à froid sur les plats. — Recueil de pièces galantes en prose et en vers de Mme la comtesse de la Suze et de M. Pellisson. *Paris*, 1691, 2 tomes en un vol. in-12 veau plein, tr. rouges. — Recueil de poësies. Poësies diverses, par M. de la Mortagne, *Paris*, 1789, joli frontispice gravé. — Tableaux des Alpes, par F. S. 1814. — L'écho des Alpes ou bluettes gastronomiques et sentimentales, par H. Blanc du Fugeret, 1 fig. (seconde édition). *Paris*, 1827, in-12, demi-veau fauve, tr. jaspées. — Ensemble 6 vol.

92. Le roman de la Rose, par G. de Lorris et Jean de Melun dit Clopinel *Amsterdam*, 1735, 3 vol. demi-rel. veau rouge, tr. marbrées. — (1 cachet sur les titres).

93. DE RULHIÈRE. Les jeux de mains, poëme inédit en trois chants, suivi de son discours sur les disputes, et de plusieurs pièces du même auteur, également inédites. —

Paris, 1808, 1 vol. in-8 demi-veau vert ; dans le même volume : Recueil de poësies extraites des ouvrages d'Héléna-Maria Williams, traduites de l'anglais, par M. Stanislas de Boufflers et Esménard. *Paris*, 1808. — Les Miracles ou la Grâce de Dieu, conte dévot par l'abbé Mauduit. *Paris* (an X) 1802. — Contes, fables, chansons et vers, suivis d'Adèle ou les Métamorphoses, par le comte de Ségur, 2° édition. *Paris*, Fr Buisson, 1809. — Second (Jean). Les baisers, avec le texte latin. Traduits en vers français, par Mme Céleste Vien. *Paris* Delaunay, 1832, 1 vol. in-8 1/2 veau, tr. jaspées. — Ensemble 4 vol.

Poëtes étrangers.

94. ANACRÉON (odes), traduction nouvelle en vers (par Anson), *Paris*, 1795, in-16, demi-rel. basane, tr. jaunes, pièce de vers manuscrite au verso du dernier feuillet de la table. Quelques indications à l'encre et piqûres dans le papier. — Ausone (OEuvres d'), traduites en françois par l'abbé Joubert. *Paris*, 1769, 4 vol. in-12 rel. pleine veau, écaille tr. dorées. (Ex libris du Mⁱˢ de Fortia). — Les amours de Théagène et de Chariclée. — Histoire éthiopique d'Héliodore, traduction nouvelle. *Paris*, 1623, in-8 demi-rel. fig. de Michel Lasne. Taches et mouillures. — Ensemble 6 vol.

94 *bis*. Bionis et Moschii. Idyllia, ex recensione N. Schvebel, texte grec et latin avec notes en français. *Venetiis*, 1746, in-8 reliure velours ancien, tr dorées, frontispice gravé. — Ouvrages texte grec et français et texte grec latin. — Bibliothèque d'Apollodore l'athénien, traduction de Clavier. *Paris*, 1805, 2 in-8 demi-reliure. — Luciani Samosotensis dialogi selecti. Augustoriti Pictonum, 1629, rel veau plein. — Apollodori bibliotheces. *Roma*, 1555, in 8 velin — Idylle de Théocrite, trad. de Geoffroy, 1823, in-12 demi-rel. — Hymnes de Callimaque, trad. de Wailly, in-8 1842. — Aristotelis poetica, 1625 in-8 velin blanc. — Le jardin des racines grecques, 2° édition. *Paris*, 1664, veau plein. — Dictionnaire étymologique des racines

grecqnes, 1780, in-8 1/2 rel. — Burnouf. Méthode pour apprendre la laugue grecque, in 8, 1844, 1/2 rel. — Alexandre. Dictionnaire grec-français, 1844, in-8 1/2 rel. — Institutio græco grammatices compendaria. *Londres*, 1676, in-12 veau plein. - Novus apparatus græco latinus. *Paris*, Barbou, 1754, in-4 veau plein. — Ocellus Lucanus. Timée de Locres. Lettres d'Aristote à Alexandre, par l'abbé Batteux, 1 vol.—Ensemble 15 vol.

95. AULU GELLE.— Les nuits attiques, traduites par l'abbé de V... (Verteuil). *Paris*, 3 vol. in-12. veau plein, tr. rouges. — Lucien, de la traduction, de M. Perrot, sieur d'Ablancourt. *Paris*, 1733, 3 vol. in 12, tranches rouges. — La Luciade ou l'âme de Lucius de Patas, trad. de P. Louis Courrier. *Paris*, 1822, in 8, demi-veau. tr. jaspées. Ensemble 7 vol.

96. Chants nationaux des Deux-Mondes, un vol. in 8.— De Backer. Bidasori, poëme malais, 1 vol. in-8 broché, 1875 —Chants populaires de l'Allemagne, 1 vol. in-12, demi-rel., 1841. — Contes populaires de l'Allemagne, 1 vol. in-8, demi-rel., illustré, 1842.—Traduction Gesner, 1 vol. in-12, rel. ancienne. — Hymnes de Callimaque le Cyrénéen, traduits du grec en vers latins, par M. Petit-Radel. *Paris*, 1808, in-8, demi rel. veau fauve, tr. jaspées.—Texte grec et français.—Ovide (le livre d') contre Ibos, de la traduction de M. D. M. A. D. V. (l'abbé de Marolles), avec la vie du poête.... où sont ajoutés plusieurs beaux vers latins de M. de Condé. *Paris*, 1661, in 8, vélin blanc, tr jaunes. (Frontispice et armoiries de Michel de Marolles gravés). Quelques feuillets jaunis. —Ensemble 7 vol.

97. Ouvrages de Pétrone et sur Pétrone =Pétrone latin et français, nouvelle édition, 1713, 2 vol. in-12, veau plein, fig. (qques mouillures).—Le Pétrone en vers, tradnction nouvelle, par M. L. D. B. *Paris*, 1676, in-12, veau plein.—Traduction de plusieurs pièces tirées de Pétrone, par M. Nodo, 1694, veau. — T. Petronii arbitri satiricon, editio accurata. *Biponti*, 1790, demi-toile.— Ensemble 4 vol.

98. SHAKSPEARE W. *Paris*, Lavigne, 1836, 2 volumes in-8, rel. veau plein gros bleu, dos orné, tr dorées. Bel exemp. dans une rel. très fraîche de l'époque.

Romans et Contes.

99. BALZAC.—Œuvres illustrées, 2 vol. in-4, demi-cart. toile. —Divers romans illustrés, 8 vol. in 4, demi cart. toile.—Ensemble 10 vol.

100. DE LA VILLEMARQUÉ. — Légendes celtiques, in-12.—Le Grand. Mystères de Jésus. — Passion et résurection.— Drame breton du moyen-âge avec deux gravures sur bois. *Paris*, Didier, 1866, annoté par le vicomte De la Villemarqué.—Ensemble 2 vol. demi-rel.

101. E. SUE. — Misères des enfants trouvés. — Jean Bart et Louis XIV.—L'institutrice.—Gilbert et Giberte. —Le diable médecin. — Les enfants de l'amour. — La bonne aventure.—Les sept péchés capitaux. Romans, 3 vol.—Ensemble 6 vol. rel.

102. DUMAS.—Divers, 7 vol. in-4 demi-cart. toile.

103. Mémoires de la belle Gabrielle. -— Chroniques de l'œil de bœuf. —Mémoires du cardinal Dubois, 1 vol. — Mémoires de Richelieu, de Madame du Barri, de Madame de Genlis. — Mémoires sur l'impératrice Joséphine, 1 vol. — Jacob. Bibliophile, romans. — Romans. — Veillées littéraires, 2 vol. — Mémorial de Ste-Hélène. — Romans divers, etc. — Ensemble 7 vol. in-4, rel. demi-toile.

104. STOWE. — La clef de la case de l'Oncle Tom. — Karr. Romans.—Ricard. Romans. — Pigault-Lebrun. Romans.—Paul de Kock. Romans 2 vol.—Ensemble 6 vol. in-4, demi-rel. toile bleue.

105. BÉROALDE DE VERVILLE.—L'histoire véritable ou voyage des princes fortunés, divisée en 4 entreprises. *Paris*, Chevalier, 1590, in-8, veau plein, tr. rouges. — Mémoires turcs, par Godard d'Aucour, nouvelle édition, revue et corrigée avec figures. *Amsterdam*, 1776, deux parties en un vol. in-12, rel. veau plein, tr. marbées.—

Swift. Voyages du capitaine Guilliver en divers pays
éloignées. *Paris*, 1762, 3 tomes en un volume in-12,
veau plein, tr. rouges, figures.—Ensemble 6 vol.

Facéties, critiques, proverbes, épistolaires, etc.

106. Anecdotes anglaises. — Anecdotes arabes et musul-
manes.—Anecdotes du Nord, 1770. — Anecdotes françaises, 1767. *Sethos*, 2 vol. — L'art de faire les devises
avec un traité des rencontres en mots plaisants, par
Henry Estienne. *Paris*, 1614, in-8 veau plein, dans le
même volume : Vray discours des choses plus nécessai-
res et dignes d'être entendues en la cosmographie. *Lyon*,
1567. Les derniers feuillets de la table de ce second ouvrage sont manuscrits, (taches et mouillures).—Ensemble 7 vol.

107. OEuvre de l'abbé March. L'isle de France en la nouvelle colonie de Vénus, in-12.— Maximes d'amour, in-
12. — Le philosophe amoureux, in-12. — L'esprit de
cour, in-12.—La henriade travestie, petit in-8.— La vie
de Pierre Arebin, petit in-8. — Catherine de Médicis,
in-12.—Ovide. L'art d'aimer, petit in-8.—L.-B. Albert.
Exhortations, petit in-8. — Chansonnier du bon vieux
temps.— Xénophon. Les éphesiaques. — Aventures du
duc de Roquelaure. — Tableau de l'amour conjugal, 4
vol. en deux. — Les mille et une farces, in-12.—Ami-
lec ou la graine d'hommes, in-12.—Les métamorphoses
d'Ovide, avec gravures sur bois, petit in-8, 1608.— Les
amours de Louis XV, in-12 cart — Ensemble 18 vol.

108. Apologie de la Bastille pour servir de réponse aux
mémoires de M. Linguet, par un homme en pleine campagne. *Philadelphie*, 1784, in-12, demi-rel. veau fauve,
tr. jaspées. — Merciér. Mon bonnet de nuit, 4 vol. —
Reines et régentes de France, 4 vol. — Ensemble 9 vol.
in-12, demi-toile, tranches jaspées.

109. MONNIER.—Alcuin et Charlemagne, 1 vol. in-12,
demi-rel., cuir de Russie. — Aventures de Drosilla et
Chariclès, 1 vol. in-12, demi-rel. cuir de Russie. —
Longus. Les pastorales, 1 vol. in-12, demi-rel. cuir de

Russie.—Roland Furieux, 6 tomes rel. en vol. in-12,
demi-basane. — Les cent nouvelles. *Nouvelles*, 1733,
3 vol. in-12, demi-veau.—Ensemble 8 vol. in-12.

110. Encyclopediana ou dictionnaire encyclopédique de
ana. *Paris*, 1791, in-4, demi-rel. veau fauve, tr jaspées.—Qques mouillures.

111. Facéties diverses.— Le conte du tonneau, par Swift.
La Haye, 1751, 3 vol. in-12, demi veau — Contes dé-
robés, par M. (Nogaret). A *Venise*, chez Pantalon Phœ-
bus, an XI, in-12 demi veau ; dans le même volume,
le Bonheur, poême — Dictionnaire néologique à l'usage
des beaux esprits, 1725, in-12, veau plein. (Fortes
mouillures).— Histoire de la galanterie, *Paris*, 1797,
2 tomes en 1 vol in-18, demi-veau, figures,—Le cousin
de Mahomet, *Paris*, 1801, 1 vol. in-16, demi-toile, tr.
jaspées — L'âne ou bouquet de roses, renouvelé de l'âne
d'or d'Apulée. *Paris*, 1802, 2 tomes in-18, demi-veau,
dos orné —Voisenon. Romans et contes, nouvelle édit.
Paris, 1798, 3 tomes en 1 vol. in-16, figures, demi-
veau. Mouillures. — Poésies diverses de société, par
Monsieur L..... *Londres*, 1767, in 12, veau plein.
Fig. ajoutées — Essai du nouveau conte de ma mère
l'oye ou les enluminures du jeu de la constitution, s. l.,
1722, in-8, veau plein, tr. rouges — Qques jaunissures.
—Ensemqle 9 vol.

112. NOEL.—Dictionnaire de la fable, avec frontispice.
Paris, Normand, 1803, 2 vol. in 8, demi veau brun,
tr. marbrées.— Lachambaudie. Fables, suivi de Pierre
Dupont, chants, 1 vol. in-12, demi-rel. veau. — Rey-
baud (Louis). Jerôme Paturot à la recherche d'une po-
sition sociale, 2 tomes rel. en un volume in 18, demi-
veau Paulin, 1846. — La Monnoye. Les Noêls bour-
guignons, 1 vol. in-8, demi-veau. — Ensemhle 5 vol.
demi-rel. veau.

113. Ouvrages sur les bêtes.—Le Renard ou le procès des
bêtes. Traduction nouvelle, ornée de figures gravées sur
bois. *Amsterdam*, 1743, in-12, demi-rel., non rogné.
—Amusement philosophique sur le langage des bêtes.
1739, in-12, veau plein, tr. jaspées ; dans le même vo-

lume. Essai sur l'histoire naturelle de la taupe, avec fig.; par M. de la Faille, à *La Rochelle*, 1769, in-12, demi-veau, tr. jaspées.—Traité de l'âme ou de la connaissance des bêtes, par A. D···, 1691, in-12, veau plein. Front. —Guer. Histoire de l'âme des bêtes, 2 tomes en un vol , in 8, rel. veau plein, tr. rouges. — Darmanson. La beste transformée en machine, suivant la copie sans lieu ni date. Petit in-12 , veau plein. (Edition elzévirienne. vers 1650).—Ensemble 6 tomes en 5 vol.

114. LEROUX.—Dictionnaire comique, satyrique et bur-lesque. Nouvelle édition. *Lyon* 1752, 2 tomes en 1 vol. in-8, rel. veau plein, tr. rouges.

115. LEBRUN. Prodiges de l'imagination , ornés du portrait de l'auteur. *Paris*, 1806 , in-12 cartonnage papier, non rogné ; dans le même volume : les deux bossus ou entretiens de Philis et Holmar, par Richard de Lodève, avec figure. *Paris*, an XIII. 1805, (Marge de la page 95 réparée). — Lemontey (P. E.) Raison, folie ; petit cours de morale mis à la portée des viéux enfants, suivi des observateurs de la femme. *Paris*, Paulin, 1832, 2 vol. in-8 demi-veau vert, tranches peignes.— Tardif. L'abeille encyclopédique , 1 vol. in-8 demi-chag. — Dictionnaire des proverbes, 1 vol. in-8 demi-chagrin. — Bassanville. Le trésor de la maison, 1 vol. in-8 demi-rel. toile. — Lokman. Fables arabes. 1 plaq. gr. in-8 demi rel. veau vert. — Le ventriloque ou l'engastri-mythe, par M de la Chapelle. *Londres*, 1772, 2 vol. reliés veau plein, tr. rouge. — Ensemble 9 vol.

116. Ouvrages sur les femmes. — Traité de l'adultère par Fournel, 2e édition. *Paris*, 1783, in-12 veau plein. — Les très merveilleuses victoires des femmes du nouveau monde... à la fin est ajoutée la doctrine du siècle doré sur l'imprimé, *Paris*, 1553, in-12, veau plein, tr. dor. bel exemplaire (rare) par Guillaume Postel. — De l'ex-cellence et supériorité de la femme, traduit du latin, d'Agrippa. *Paris*, 1801, in-16, demi-veau rouge. — Agrippa Henri. Sur la noblesse et excellence du sexe féminin, de sa pré-minence sur l'autre sexe... ouvrage joli, traduit par le célèbre sieur M. de Gueudeville.

Leyde, 1726, 3 vol. in-12, veau plein, tr. rouges. — Défense du beau-sexe... pour servir d'apologie aux femmes, 4 tomes en 2 vol. in-12, veau plein. — Tyrannie que les hommes ont exercée dans presque tous les temps et les pays contre les les femmes, par Laugier. *Londres*, 1788, in-8, demi-rel ; dans le même volume, Des prégoratives de la femme et de sa haute prééminence sur l'homme, par de Sainte-Croix, ouvrage (non politique) dédié à toutes les femmes. *Paris*, 1849.— Ensemble 9 vol.

117. Le grand empire de l'un et l'autre monde, divisé en trois royaumes, le royaume des aveugles, des borgnes et des clairvoyants, composé par J. de la Pierre. *Paris*, 1636, in-8 demi-rel. tr. jaspées, 3 frontispices gravés. Mouillures, court de marges. — Santeuilliana ou les bons mots de M. de Santeuil. *La Haye*, 1708, in-8 demi-rel. veau brun, tr. jaspées Taches et mouillures. Ensemble 2 vol.

118. Louis RONDOL (Eusèbe-Salverte). — Un pot sans couvercle et rien de dans ou les mystères du souterrain de la rue de la Lune. *Paris*, an VII in-8, demi-rel. toile ébarbé. figure.—Leroux. Dictionnaire comique, nouvelle édition. *Lyon*, 1735, fort in-8, veau plein, tr. rouges.—Ensemble 2 vol.

118 *bis*. Livres en lots.

Polygraphes, collections, mélanges.

119. ALMANACHS DIVERS. — Almanach historique ou recueil de tous les événements qui sont arrivés..... jusqu'au 21 septembre 1793, par Rouy l'aîné, auteur du magicien républicain, in-12, 1/2 rel., défauts réparés et taches, 1 fig. — Almanach de la cour, de la ville et des départements, pour 1859, in-16 demi-toile ébarbé. — Almanach astrologique, magique, etc. *Paris*, Pagnerre, 1853, nombreuses illustrations sur bois. — Almanach royal, 1739, 1764, 1786, 1818, 1822. — Royal et national, 1844, 1845. — Impérial, 1806, 1808, 1810. — National, an VII, an XI. — Ensemble 15 vol.

120. Auteurs anciens.—Pétrone. Sur la guerre civile, traduit en vers français par le P Bouhier, in-4.— Histoire
de Philippe et d'Alexandre-le-Grand, par de Bury, 1778,
in-4º—Philippiqnes de Démosthènes et Catilinaires de
Cicéron, 1 vol. in-12. — Traité des pensées de Théo-
phraste, in-12, vélin vert. — Histoire d'Epaminondas,
par l'abbé de la Tour, in-12, demi-rel. — Luciani, Sa-
mostosensis, in-8, texte grec et latin.— Diogène Laerte,
grec-latin. 1670, etc.— Ensemble 6 vol.

121. BOULLANGER. — Œuvres. *Paris*, 1792 à 1793;
8 vol. in-8, demi-veau vert.

122. Calendriers et almanachs.—Calendrier pour l'année
1773.—Quel temps fera-t-il ce matin ce soir, demain,
etc., suivie des prédictions de l'ombre de Rabelais,
pour l'année bissextile. 1772, in-32, veau plein; tr.
dor. (rare).—Almanach des grâces étrennes, érotiques,
chantantes pour 1789. *Paris*, in-12, veau plein
(rel. défectueuse, figure). — Almanach des muses,
1774-1777. *Paris* frontispice gravé, rel. veau plein, tr.
dor. frontispice. — Almanach nocturne à l'usage du
monde, par M. le marquis D. N. N. C. imp. à *Nuitz*,
chez Serotin Luna, 1740, in-12, demi-basane. — La
Samaritaine avec ses prédictions pour l'année 1787, édition revue et corrigée. *Paris*, au château de la Samaritaine, 1787, in-12 demi-toile, frontispice. — Etrennes
politiques et morales, par une citoyenne dévouée à la
Convention nationale. *Paris*, an II, demi-toile. —
De Chevigni. La science des personnes de cour, d'épée
et de robe. VII édition, par M. de Limiers. *Amsterdam*,
1729. 4 vol. in-12, cartonné toile bleue, tr. jaspées.—
Ensemble 11 vol.

123. PELLOQUET. Guide dans les musées, in-32 demi-
toile. — Curiosités scientifiques, 1867, 68, 69, un vol.
in-12 demie toile. — Coquerel. Rembrandt, in-18 br.
— L'Exposition de 1867, in-12 br. — Clément de Ris.
Critiques d'art, in-12 br. — Lanfrey. Lettres d'Everard,
in-12. — Traité élémentaire de gravure, in-12 broché.
— J. Dolent. Petit manuel d'art, in-12 br. — Lettres
d'Abélard et d'Héloïse, 1 vol. in-8 demi chagrin. —
Quatremère de Quincy. Canova et ses ouvrages, in-4

demi cart. toile. —Silvestre. Histoire des artistes vivants, 1 vol. in-4 demi chag. — Pierre Saliat et Eugène Talbot. Histoire d'Hérodote, in-8. — Talbot. Œuvres complètes de l'empereur Julien, in-8. — Ch. Nisard. Le Triumvirat littéraire au XVIe siècle. — De St-Mauris. La divine comédie de Dante Alighieri, 2 vol. in-8. — A. Maury. Les forêts de la Gaule. — Maury. La terre et l'homme, in-12. —Ensemble 18 vol. brochés.

124. WEIL. Lettres de vengeance d'un alsacien, in-12.— Les séances de l'internationale à Paris pendant le siége et pendant la commune, in-12. — Blanqui. La patrie en danger, in-12. — Moland. Par ballon monté, in-12. — St-Genest. Let res d'un soldat, in-12. — De Monseignat. Histoire des journaux en France, 1789 99, 1848 52, in-12. — L'offrande, in-8. — Le livre terrible, in-8 1/2 reliure. — J. S. Boubée. Epopée de la Révolution français, in-8 1/2 cart. toile. — Ensemble 9 vol. dont 5 brochés et 4 reliés.

125. Le diable à Paris. Texte par Georges Sand, Stahl, Léon Gozlan, etc. Illustrations. Les gens de Paris. Séries de gravures avec légendes, par Gavarni, 1 vol. gr. in-8. *Paris*, Hetzel, 1845. — Portraits des hommes utiles, 1 vol. in-8 demi-veau. — Richebourg. Histoire des chiens célèbres, 1 vol. in-4 demi toile. — Histoire des cocus célèbres, 1 vol. in-4 demi toile. — Les Français peints par eux-mêmes, 1 vol. in-4 Furne, demi cart. toile. — Ensemble 5 vol.

126. FÉRÉ et VALLENTIN. Le livre des fiancés. — Léo Lespès. Le livre de beauté. Le comte de Tyrone. — Lacour. Bertrand Du Guesclin. — Œuvres de Byron. — Ensemble 5 vol. divers gr. in-8 reliés.

127. E. de BARTHÉLEMY. Les filles du Régent. — Th. Wright. Histoire de la caricature. — J. Janin. Les symphonies de l'hiver. —Ensemble 3 vol. gr. in-8 1/2 reliure chagrin, tranches jaspées.

128. Cox. Les dieux et les héros, 1 vol. in-8 demi chag. — Manuel des sciences usuelles. 1 vol. in-8 demi veau. —Fénelon. Télémaque. 1 vol. in-8 demi-veau. —

Jacquin et Duesberg. Dictionnaire du curé de campagne, 1 vol. gr. in-8 demi veau. — L'image 1847, 1 vol. in-8 demi basane , figures. — Panthéon littéraire. Œuvres d'Ancelot, 1 vol. grand in-8 demi basane. — Ensemble 6 vol. in-8.

129. L'Ezour vedam. — Destruction de la mendicité en France. — Mad. Tristan. Mephis. — Histoire des flibustiers. — De Sauclières. Histoire de la Révolution française. — Denon. Voyage en Sicile. — Maules. Bellérophore dans la grotte des mystères. — Clavé. Vie de Pie IX. — Ensemble 8 vol. formats divers.

130. Pétrarque à Vaucluse, 1 vol. in-8 demi-basane.—Rey. Education nationale, 1 vol. in-8, demi-cart. toile. — Gérard. Léo Burckart, 1 vol. in-8, demi-toile.— Duc de Gaëte. Mémoires, 1 vol. in-8, demi-toile. — De Féletz. Œuvres, 7 vol. in-8, demi-toile.—Bentham. Défense de l'Usure, 1 vol. in-8, demi toile — Loyan de Lacy. Aux Ninivites, 1 vol. in 8, demi toile. — Delestre. Etudes des Passions, 1 vol. in-8, demi-toile.—Imberdis. Guerres religieuses en Auvergne, 1 vol. in-8, demi toile. — De Valori. Journal militaire de Henri IV, 1 vol. in-8, demi-toile.—Ensemble 13 vol. in-8.

131. Elixir de la morale indienne, petit in-8.— Quesné. Le Psychisme.—Denis. Le Brahme voyageur.— Pasquin et Marforio. Dialogues, 2 vol. in-12.—Xénophon. La République de Sparte et d'Athènes.— Bona. Le phénix qui renaît. Lettres de St-Gérôme. Bible de la jeunesse. Jérusalem et la Terre-Sainte. — Voltaire. L'arbre de Science. —Morale des Jésuites.— Bossuet. Histoire universelle, 2 vol. in-32.—Ensemble 14 vol., reliures variées.

132. D. Ramée. Histoire des chars, carrosses, omnibus, etc. *Paris*, 1856, in-12 br. couv. imp. — Vaux de Vire d'Olivier Basselin, de Jean le Houx, publiés par Julien Travers, *Paris*, 1833, in-12 demi-veau ; dans le même volume : 1° Le politique burlesque (réimpression), 2° Caricatures politiques, an VII, 4 fig. coloriées. — Œuvres d'Horace, traduction nouvelle de J. Janin, 1860, in-12 demi-veau tr. marbrées. — Les noms de baptême

de L. Scott, *Paris*, 1857, in-18 dem.-rel. tr. marbrées.
— Choppin d'Arnouville, précis de rhétorique positive,
Paris, 1842, petit in-16 demi-rel. veau tr. jaspées. —
Garin le Loherain. Chanson de gestes, *Paris*, Hetzel,
s. dute, in-18 demi-veau. — Ensemble 6 vol.

133. Œuvres de Molière, 2 vol. — Lacombe. Petite histoire du peuple français. — Barrière. Bibliothèque des
mémoires. — Taine, Notes sur l'Angleterre. — Dumas.
Théâtre, 2 vol. — Sainte-Beuve. Causeries du lundi,
3 vol. — Ponsard. L'honneur et l'argent. — Dreyfus.
Le Klephte. — Ensemble 12 vol. in-12 brochés.

134. Lettres de Ninon de Lenclos, 2 vol. in-16. — Lettres
d'Héloïse et d'Abeilard, 2 vol. in-16. — La guirlande
de Julie, in-12. — Remensiana, in-32. — E. Chapus.
De l'élégance, in-32. — La zazirocratie, in-12. — Le
roi Guiot, in-12. — Ensemble 9 vol. 1/2 reliures variées.

135. J. MICHELET. Du prêtre, de la femme, de la famille,
in-8. — Bouvet. Confession et célibat des prêtres, in-8.
— Traité des 3 imposteurs, in-12. — J. Erckmann.
Les disciples d'Escobar, petit in-8. — Les princesses
malabares, in-12. — Tablettes romaines, in-12. —
Amours des prêtres français, p. in-8. — Amours des
grands personnages, in-12. — Ensemble 8 vol. 1/2
et in-8, reliures variées.

136. Lettres siamoises (par Jean Landon de Soissons),
1751, in-12 veau plein, tr. dorées ; dans le même volume,
Lettres moscovites. *Kœnisberg*, 1736. — Œuvres philosophiques de la Mettrie, nouvelle édition corrigée et
augmentée, in-8 veau plein, tr. dorées, dos orné. —
L'avocat du diable ou Mémoires historiques et critiques
sur la vie et la légende du pape Grégoire VII avec des mémoires de même goût sur la bulle de canonisation de
Vincent de Paul et des filles de la Charité, à *St-Pour-
cain*, chez Tansin Pas Saint, 1743, 3 vol. in-12, veau
plein, frontispices gravés, rel. défectueuse. — L'apocalypse de Méliton, à *Sainct-Leger*, 1665, in-12 velin
blanc. — Dictionnaire des pensées ingénieuses, tant en
vers qu'en prose, des meilleurs écrivains français, 2 volumes, *Paris*, chez la veuve Duchesne, 1773. — Ensemble 8 vol.

137. L. Veuillot. — L'Esclave vindex. — Œuvres de
Madame de Lambert. — Nicolas. Vie de Jean Bon St-
André. — Luther. Les propos de table et les Larmes de
Chambrune. — Schæffer. Histoire d'un homme heureux. — Œuvres de P.-L. Courrier. — Cormenin. Entretiens de village. — Art de devenir déput3 et même
ministre. — Luchet. Les mœurs d'aujourd'hui. — Ensemble 9 vol. in-12 reliés demi-veau et chagrin, couleurs variées.

138. Naudé. Mémoire confidentiel adressé à Mazarin. —
Carle de Rash. Le Ruvarebohni (le vrai bonheur), 2 vol.
Molière. L'escole des femmes. — Desmazes. Le bailliage
du Palais Royal de Paris. — Labutte. Histoire des rois
d'Yvetot. — Franklin. Les rues et les cris de Paris au
XVIII° siècle, sur papier chine. — Charles Clair. Le
dies iræ, 1 vol. petit in-4 sur papier teinté, texte enca-
encadré. *Paris*, Féchoz, 1851. — Ensemble 7 vol. formats divers.

139. DULARD. Œuvres diverses. *Amsterdam*, 1758. 2
vol. in-12, reliés veau plein, tr. jaspées. (Ex libris du
R. P. Aubert), collé au dos des titres. — Recueil de
pièces par et sur Condorcet, imprimées et manuscrites,
avec 2 portraits, l'un de Condorcet, l'autre de Louis XVI,
in-8 demi-rel. veau fauve. — Ensemble 3 vol.

140. Rabelais Fr. —(Les œuvres de Maître), publiées sous
le titre de faits et dits du géant Gargantua et de son fils
Pantagruel, nouvelle édition, s. l. 1732, 5 vol. in-8,
veau fauve, tr. rouges, figures.

141. Laharpe. Cours de littérature. *Paris*, Didier, 1834,
2 vol. gr. in-8, demi-rel. maroquin bleu, tr. marb. dos
orné, rel. signée, bel exemplaire, qques jaunissures. —
Œuvres du Prince de Ligne, 4 vol. in-12, rel. demi-
veau fauve avec pièces. *Paris*, 1860. — Stassart (baron
de). Œuvres complètes publiées et accompagnées d'une
notice biographique et d'un examen critique des ouvrages de l'auteur, par Dupont-Delporte, nouv. édit. *Paris*,
Didot, 1855, 1 vol. in-4, demi-veau, tr. jasp. (portrait
du baron de Stassart).—Ensemble 5 vol.

Histoire, géographie, voyages,

142. De Bock. — Essai sur l'histoire du Sabéisme, 1re
2e partie, qui est intitulée : Mémoire historique sur
peuple nomade appelé en France Bohémiens, etc. *Met.*
1788, in-12, demi basane, tr. jaunes. — France pitt
resque de Hugo, 3 vol. in-4, demi-rel. veau, fig. — Er
semble 4 vol.

143. *Divers.* — Le Cœur. Des bains de mer, in-8. — Jame
Guide aux eaux minérales. *Plombières.* — Joanne. Itine
raire de la Suisse, 2 vol. in-12. — Itinéraire des Pyré
nées. — Bade et la Forêt-Noire. Guide officiel. — L'été
Aix en Savoie. — H. Nicolle Les Pyrénées. — Une cart
de France sur toile. — Poumain-Cornille, La Savoie,
Mont-Cenis et l'Italie septentrionale. — Joanne. Fontai
nebleau, Paris, Bade. — Guide du voyageur en France. —
Voyage de Paris à Dieppe et à Londres. — Boubée. Plom
bière, Cauterets, Saint-Savin. — Chemin de fer de Pari
à Orléans. — Guide Diamant , Mont-Dore. — Annuair
du Haut-Rhin. — Ensemble 20 vol. in-12, rel. variées.

144. *Divers.* — Mac-Carthy. Dictionnaire, géographie,
vol. — Dictionnaire de tous les lieux de la France,
vol. — Boiste. Dictionnaire de géographie. — Vosgien. —
Barberet et Magin. Géographie historique. — E. Levas
seur. La France avec ses colonies. — Ensemble 8 vol. in
8, et in-12, demi-rel. veau, couleurs variées.

Histoire universelle, histoire des religions.

145. — BOILEAU (l'abbé). Histoire des flagellants où l'o
fait voir le bon et le mauvais usage des flagellations par
mi les chrétiens, 2e édit. *Amsterdam*, 1732, in-12, d. v
tr. marb. — Le même ouvrage, 1753, dans ce volume
lettres intéressantes philosophiques. — Utilité de la fla
gellation dans la médecine, traduit du latin de H. Mei
bomius, nouvelle édition revue et augmentée du jol
poéme de l'amour fouetté. *Paris*, Mercier, an VIII, dem
chagrin, tr. marb. — De l'abus des nudités de gorge
attribué à l'abbé Boileau. *Paris*, 1858, in-12, demi-vea

tr. jasp.—Trogue Pompée. L'histoire universelle réduite en abrégé, par Justin et traduite en français par le sieur de Collombez. *Saumur*. 1672, in-12, velin, blanc ancien, bon exemplaire.—Ensemble 5 vol.

146. Krasinski.— Essai sur l'histoire religieuse des nations Slaves, suivi de Baeeker, de la religion du nord de la France avant le Christianisme, 1 vol. in-8 demi-rel. veau. — Baudier. Histoire de la religion des Turcs, un vol. in-8 demi-veau. — Roger. Les Bramines, 1 vol. in-8 demi-rel. veau. — Fabre d'Olivet. La langue hébraïque restituée , 1 vol. in-4 demi-chagrin. — L'Orient de la Franc-Maçonnerie, grand in-8, texte à 2 colonnes, demi reliure veau, tr. jaspées. — Boubée. Souvenirs maçonniqnes, in-8. — Hermant. Histoire des religions, in-12, 1648, veau plein. — Origine de la Maçonnerie. Adonhiramite, in-12 demi-veau.—Ensemble 8 vol.

147. Mémorial de chronologie généalogique, 1753. — Le chronologiste manuel. — Ephémérides françaises. — Tablettes chronologiques de l'histoire universelle, 2 vol. — Mémorial de chronologie. — Mémorial de chronologie, etc. 2 vol. — Calendrier. — Concordance des calendriers.—Traité de mnémonique.—Mémoire sur la boussole. — Légende du calendrier. — Ensemble 13 vol. divers.

Histoire ancienne.

148. Abrégé historique des principaux traits de la vie de Confucius, orné de 24 estampes in-4 gravées par Helman. *Paris*, s. date, in-4 veau racine, tr. dorées, bel exemplaire.

149. *Divers.* Progrès de l'histoire ancienne et de la littérature. 1 vol. in-8 demi-veau. — Dictionnaire des origines, 2 vol. in-8 demi-rel. veau ancien. — Hutin. Physiologie, 1 vol. in-12 demi-veau. — Suétone. Les douze Césars, 1 vol. in-12 demi-veau. — Boissier. Cicéron et ses amis, 1 vol. in-12 demi-veau. —Chefs-d'œuvre des classiques français au XVIII° siècle. 4 vol. in-12

demi-veau. — Lucrèce. De la nature des choses, 1 vol.
in-18 demi-chag. — Satires de Perse et de Juvénal,
1 vol. in-18 demi-veau. — Ensemble 9 volumes.

150. *Divers.* — Lettres écrites sous le règne d'Auguste. —
Tibère. — F. Mazois —Le Palais de Scaurus, J. Zeller.
Les Empereurs Romains. — Chassang. Appolonius
de Tyane. — Ensemble 5 vol. in-8, reliés 1/2 veau et
chagrin, couleurs variées.

151. L'horloge des princes avec le très renommé livre de
Marc Aurèle, recueilli par don Antoine de Guévare, traduit en français par feu M. de Herberay. — *Paris*, Nicolas Bonfons, 1580, in-8. compact, demi-rel. veau,
tranche jaspées. — Le nouvel horloge des princes,
contenant la vie, les mœurs, de Marc Antonin, extrait
en partie d'Antoine de Guévare, par J. Lambert, de
l'ordre de Cluny, dernière édition. — *Rouen*, 1594,
in-4, demi-rel. titre réparé, qques mouillures. — Ensemble 2 vol.

152. *Divers.* — De Joannès, l'Océan des anciens.—Jacob,
le Dieu Pepetius. — De Joannès, les temps mythologi-
ques. — Ponroy, le Roi des cent rois. — Champollion,
lettres inédites d'Egypte, 1828-1829. — Pacha et Ou-
trelon, l'Egypte et Ismaël Pacha.—Martin, l'archéologie
celtique.— Ensemble 7 vol. formats divers, dont 3 bro-
ches et 4 reliés, 1/2 chagrin.

153. Recherches sur l'histoire, la littérature et les arts des
peuples anciens et modernes. (Congrès historique). —
Paris, Gennequin, 1844, 1 vol. in-8, 1/2 veau violet,
tr. jaspées. — F.-N. Dubois. Histoire secrète des fem
mes galantes de l'antiquité.—*Rouen*, 1726, 3 vol. in-12,
demi rel. chagrin, bron. tr. rouges. —Ensemble 4 vol.

154. R. P. Coeffeteau. Histoire romaine contenant tout ce
qui s'est passé de plus mémorable, depuis le commencement de l'empire d'Auguste, jusqu'à celui de Constantin-
le-Grand.— *Paris*, S. Cramoisy, 1623, in-f°, demi mar.
tr marbrées, beau portrait de Coeffeteau, par Mellan.
Histoire de la décadence de l'empire grec, et establisse-
ment de celui des Turcs, par Chalcondyle de la traduc-

tiou de B. Vigenère, avec la continuation de la mesme histoire... jusqu'à l'an 1612... ensemble les éloges des seigoeurs Ottomans, par Arthur Thomas et depuis continuée par F.-E. du Mezeray. — *Rouen*, 1650, in-f° relié, veau plein. — Ensemble 2 vol.

Histoire moderne.

155. Dictionnaire abrégé de la France monarchique ou la France telle qu'elle était en janvier 1789, par P.-A. Guéroult. *Paris*, an X, 180?, un vol. in-8, veau vert, tr. marb. (exlibris J. Lafitte.) — Anquetil. Histoire de France. *Paris*, Renault, 1862, 4 vol. in-8 demi-cart. toile, nombreuses figures dans le texte.—Ensemb. 5 vol.

156. *Divers.*—Recueil de pièces.—Pièces diverses.—Rapport, 12 ventose, an XII. — Camille Desmoulins, Le vieux cordelier.—Mirabeau. La France parlementaire.—Les Tribuns, études parlementaires. — Villiaumé. Révolution de 1789. — Ensemble 7 vol. dont 3 in-4 et 4 in-8, rel. demi-veau et toile.

157. *Divers.* — Œxmelin. Histoire des aventuriers flibustiers, 4 vol.—De Sismondi. Julia Severa.—Agrippa. Un duel social.—De Perthes. Sous dix rois, 8 vol. — Ensemble 14 vol. in-12, rel. demi-toile.

158. *Divers.* — Dumas, 24 février 1848, au 1er décembre 1849, 1 vol. in-4, demi toile. — Dumas. Histoire de Louis-Philippe, 1 vol. in-4, demi-toile.— Histoire de la Révolution, 1848, 1 vol. in 4, demi-veau.—La politique nouvelle, 1851, 2 mars an 8 juin, 1 vol. in-8 demi-toile. — Notre histoire, février-août 1848, 1 vol. in-8, demi-veau.—Ensemble 5 vol. in-4.

159. *Divers.*—Duruy. Abrégé d'histoire grecque.—Abrégé d'histoire ancienne.—Abrégé d'histoire romaine.— Histoire de France, 2 vol. — Soutza. Histoire de la révolution grecque.—Lavallée. Les frontières de la France. — Ensemble 7 vol. in-12, demi-rel. veau fauve.

160. De l'Estoile. Journal de Henri III, roi de France, nouvelle édition. *Paris* et *La Haye*, 1744, 5 vol. — Journal de Henri IV. *La Haye*, 1742, 4 vol. rel. veau fauve.—Ensemble 9 volumes.

161. Journal historique de la révolution opérée dans la constitution de la monarchie française, par M. de Maupeou. *Londres*, 1784, 7 tomes en 4 vol.,rel. pleine,veau fauve, tr. dorées. Bel exemp. très frais.—Maupeouana ou correspondance secrette et familière du chancelier Maupou avec son cieur Sorhouët, nouvelle édition, 2 parties en 2 vol. in-12, veau, tr. rouges.—Libertés de la France contre le pouvoir arbitraire de l'excommunication. *Amsterdam*, 1761, in-12, veau. — Testament de Louvois. *Cologne*, 1695, in-12, veau plein.—Ensemble 8 vol.

162. Histoire des plus illustres favoris anciens et modernes, recueillie par feu M. D. P... (Pierre Dupuy). *Leyde*, chez J. Elzévir, 1659, in-4, rel. pleine, veau racine, filets sur les plats, dos orné.

163. Lacrételle (Charles). Histoire de France pendant les guerres de religion. *Paris*, 1844, 7 volum. in-12, demi-chagrin, tr. jaspées, comprenant : Guerre de religion, 2 vol.; Restauration, 2 vol.; XVIIIᵉ siècle, 3 vol. —Mouillures.

164. Le nouveau panthéon ou le rapport des divinités du paganisme, des héros de l'antiquité et des princes surnommés grands, aux vertus et aux actions de Louis-le-Grand, avec des inscriptions, par Monsieur de Vertron. *Paris*, 1676, in-12, mar. rouge, dos orné et tr. dorées. Aux armes et au chiffre de Louis XIV.

165. Recueil de pièces imprimées et manuscrites, 1788-1789, 2 vol. in-4 reliés, veau plein, tr. rouges, reliure ancienne.—Lettres patentes, arrêts du Conseil d'Etat, etc.

166. Histoire de Louis XI, *Paris*, 1745, 3 vol. in-12, veau plein, portrait.—Mémoires de Messire Philippe de Commines, édit. nouvelle divisée en V tomes, enrichie de figures, etc., par M. Godefroy. *Bruxelles*, 1723, 5 vol. in-12, veau plein. — Histoire de Marguerite de Va-

lois, reine de Navarre. *Paris*, 1720, 4 vol. rel. veau plein.—Mémoires de la régence du duc d'Orléans. *Amsterdam*, 1729, 3 vol. in-12, veau plein, tr. roug., nombreux portra ts.—Histoire de Louis de Bourbon, IIᵉ du nom, par P... (Pierre Coste). *Cologne*, 1693, in-12, veau plein. — Anquetil et Sarrut. Histoire de France. — La guerre d'Orient, 2 vol. in-4, rel. demi-toile bleue.

167. De Jouffroy (comte Achille). Les fastes de l'anarchie ou précis chronologique des évènements mémorables de la Révolution française depuis 1789 jusqu'en 1804. *Paris*, Pellet, 1820, 2 vol. in-8, demi-veau, tr. jaspées. — Ségur (comte de). Décade historique ou tableau politique de l'Europe depuis 1786 jusqu'en 1795, contenant un précis de Révolution de France, de Brabant, de Hollande et de Pologne, 5ᵉ édit. *Paris*, Eymeri, 182ˣ, vol. in-8, demi-veau, tr. jasp., dos ornés de fers du temps. — Ensemble 5 vol.

168. Fléchier (de). Mémoires sur les grands jours d'Auvergne en 1665, annotés et augmentés d'un appendice par M. Chéruel et précédés d'une notice par M. de Sainte-Beuve. *Paris*, Hachette, 1856, in-8, demi-chag., tr. jasp., fig.—Le duc d'Orléans. — Campagnes de l'armée d'Afrique , in-8 , avec portrait. *Paris*, Michel Lévy, 1870, demi-rel. chagrin, tête dorée.—Crétineau-Joly. Histoire des trois derniers princes de la maison de Condé, duc de Bourbon, duc d'Enghien, d'après les correspondances originales et inédites de ces princes. *Paris*, Amyot, 1867, 2 vol. in-8, demi-veau, tr. jasp. (fac-simile, portraits).—Ensemble 4 vol.

Histoire particulière des villes de France.

169. Fabre. Recherches historiques, s. l. — Notre-Dame d'Embrun, 1 vol. in-8 br. — Pinard. Corbeil et ses cantons.— Longjumeau, 1 vol. in-8 br. — Imberdis. L'Auvergne, 1 vol. in-8, demi-chag. — Taylor. Les Pyrénées, 1 vol. in-8, br.—Ensemble 4 vol. in-8.

170. Amiot. Histoire de la ville de Rouen. (J. Amyot), nouvelle édition. *Rouen*, 1710, 6 vol. in-12 veau plein,

(rel. fatiguée). — L. T. Chrétien, (de Dreux). Dreux ancien et Dreux nouveau. Histoire de la ville et de ses sept cantons. *Clichy*, 1867, avec lith. teintées, et un plan colorié, in-8 broché. — Mémoires de l'Académie de Caen. 1856, 1840, 1860, 1861, 1862, 1863, 1864, 1865 Revue de Rouen et de la Normandie. — Ensemble 9 vol. in-8 demi-cart. toile, tr. jaspées. — La mosaïque de l'ouest et du centre, 1 vol. in-4 demi-toile. — Ensemble 17 vol.

171. HIPPOLYTE DANIEL DE ST-ANTHOINE. Biographie des hommes remarquables de Seine-et-Oise. *Paris et Versailles*, 1827, in-8 veau plein, dos orné, filets sur les plats, tr. marbrées, l'un des plats porte frappé en lettres dorées, « envoi à M. Blanc, » bel exempl. port. ajoutés.

172. Histoire de Montmartre, par D. F. Cheronnet, revue et publiée par l'abbé Ottin. *Paris*, 1843, in-8 demi-toile. — Histoire de Blois et de son territoire, par G Touchard-Lafosse. *Blois*, 1841, petit in-8 carré, demi-toile, nombreuses figures sur bois. — République Séquanaise, mémoires historiques et les princes de la Franche-Comté et de la Bourgogne, par Gollut. *Arbois*, 1846, 1 vol. gr. in-8 cart. toile, tr. jaspées. — Jules de St-Félix. Le Rhône et la mer, souvenirs, légendes, études historiques et pittoresques. *Paris*, 1844, 2 tomes en un vol. in-8 demi-chagrin vert, dos orné, fers de l'époque, tr. jaspées. — M. de Bussière. Culte et pélerinages de la Très-Sainte Vierge en Alsace. *Paris*, 1862, in-8 broché. — Kiek (Paul de). Souvenirs d'un sous-lieutenant ou Nice, ses environs et la rivière de Gênes. *Moulins*, 1842, un vol. in-8 demi-veau, tr. jaspées. — Dorgan P.-H. Histoire politique, religieuse et littéraire de Landes. *Auch*, 1846, grand in-8 demi-rel. veau, tr. jaspées, lithographies et carte. — Ensemble 7 vol.

Histoire des pays étrangers.

173. Genty de Bussy. — Régence d'Alger. — Berthelot. La pêche sur la côte occidentale d'Afrique. — Dopigez. Souvenirs de l'Algérie. — Duchesne. De

la prostitution à Alger.—La Vallée. Voyage en Chine.
— Journal d'un voyage en Italie et en Suisse pendant l'année 1828. — Demidoff. La Crimée. — L. Laporte. L'Egypte à la voile. — Formaleoni. Histoire ancienne. — Mer noire, 2 vol. — Beautés de l'histoire de la Suisse. — Ensemble 10 vol. in-12.

174. *Divers.* — Atlas des départements de la France. — Gail. Atlas pour servir à l'étude de l'histoire ancienne. — E. Gouin. L'Egypte au XIX° siècle. — Abbé Godard. L'Espagne. — Le lac dc Genève : album composé de 39 gravures sur bois. — Gannnop. Thirlwall. Origines de la Grèce ancienne. — Monde ancien. Civilisation orientale. Poésie lyrique. Inde, Rig–Véda. *Paris*, 1870, 2 vol. gr. in-8. — Ensemble 6 vol. demi-rel.

175. Chopin. Revolutions des peuples du Nord. *Paris*, Coquebert, 1844, 4 vol. in-8, demi-chag. vert.

Archéologie, Histoire, Littérature, Biographie.

176. Biographie universelle ou dictionnaire historique contenant la nécrologie des hommes célèbres de tous les pays, des articles consacrés à l'histoire générale des peuples, aux batailles mémorables, aux grands événements politiques et aux diverses sectes religieuses, etc., depuis le commencement du monde jusqu'à nos jours, par une Société do Gens de lettres, nouv. édit. *Paris*, Furne et Cie, 1838, 6 vol. in-8, demi basane. Nombreuses fig. dans le texte. (Piqûres).

177. *Divers.* — Furgault. — Nouveau recuil historique d'antiquités grecques et romaines. *Paris*, 1809, in-8, veau plein. — Dictionnaire des antiquités romaines, traduit du grand Dictionnaire de Pitiscus, 2 vol. in-8, demi-rel., veau fauve. 1765. — Explication de l'apothéose d'Homère, par Schott, 17·4, in-4, vélin. — Recueil d'antiquités égyptiennes, étrusques, grecques et romaines, tome second seulement. *Paris*, 1756, in-4, veau plein.—Ensemble 5 vol.

178. Fortia d'Urban. Essai sur quelques-uns des plus anciens monuments de la géographie. *Paris*, 1809, in-12, veau plein, filets, dos orné, tr. rouges.—Du même. Bérose et Annius de Viterbe ou les antiquités chal-

déennes. *Paris*, 1808, in-12, veau plein, dos orné, tr. rouges.—Considérations sur l'origine et l'histoire ancienne du globe. *Paris*, 1807, in-12, veau plein, tr. rouges.—Introduction à la connaissance des antiquités romaines, traduites du latin de Cellarius, par Louis Vaslet. *La Haye*, 1723, in-12, veau plein, tr. rouges. —Dictionnaire abrégé d'antiquités, par J. Montchablon. *Paris*, 1760, in-12, demi-veau, tr. marbrées.— Cérémonies nuptiales des peuples anciens et modernes, par Ch. Laumier, in-16, demi-rel., tr. jaspées.— Ensemble 5 vol.

179. Histoire des ministres d'Etat qui ont servi sous les roys de France de la troisième lignée, par Ch. de Gombault, baron d'Auteuil. *Paris*, 1542, in-°, demi-chag. rouge, tr. marbrées, frontispice, portraits dans le texte (une déchirure au frontispice).— Apologie d'Athènagoras..., le tout de la version de Guy Gaussart Flamignon, prieur de Ste-Foy, à Coulommiers. *Paris*, 1574, demi-rel., tr. rouges,(qui n'ont pas été atteintes dans la nouvelle reliure où se trouve cet exemp.)—Au verso du titre, un timbre armorié à l'encre noire. —Ensemble 2 vol.

180. Légende dorée ou sommaire de l'histoire des frères mendiants de l'Ordre de St-Dominique et de St-François. *Amsterdam*, 1734, in-12, veau plein, le même ouvrage, Leyde, 1608, petit in-8, veau plein, fortes mouillures dans le texte qui se trouve attaqué par l'humidité.— Ensemble 2 vol.

181. MIRECOURT (de).— Portraits au xix° Siècle. *Paris*, 1867, à 1868, figures, 5 volumes in-8, demi toile.

182. V.-D. MUSSET-PATAY. — Histoire de la vie et des ouvrages de J.-J. Rousseau, composée de documents authentiques, et dont une partie est restée inconnue jusqu'à ce jour ; d'une biographie de ses contemporains, considérés dans leurs rapports avec cet homme célèbre ; suivie de lettres inédites. *Paris*, 1821, 2 vol. in-8, 1/2 cart. toile.

Ouvrages sur les Hiéroglyphes.

183. Camille Duteil. Dictionnaire des Hiéroglyphes. *Bordeaux*, 1839, in-4, demi toile ; dans le même volume, examen critique des principaux groupes hiéroglyphiques, par A. Thilorier, 1832. — Essai sur les Hiéroglyphes des égyptiens, traduit de l'anglais de Warburthon. *Paris*, 1744, 2 vol. in-12, veau plein. — Goulianoff, essai sur les hiéroplyphes d Horapollon, et qques mots de la cabale. *Paris*, 1827, in-4, demi toile. — Notice sur un monument égyptien en écriture hiératique, par Emmanuel de Rougé. Paris, Leleux, 1862, in-8, broché. — Ensemble 5 ouvrages.

184. Pièces relatives à la fin de Louis XVI. *Paris*, 1789, et *Londres*, 1798, 3 vol. in-8, demi veau fauve, figures, mouillures, jaunissures. — Vie de Marie Antoinette, reine de France. *Hambourg*, 1797, in-16, demi veau, jaunissures. — Mémoires justificatifs de la comtesse de Valois de la Motte, écrits par elle-même. *Londres*, in-8, veau plein. — Ensemble 5 vol.

185. La vie du bienheureux Gaspard Bon, de l'ordre des Minimes. *Marseille*, 1768, in-12, demi-toile. — La vie de Dom Barthelemy des Martyrs, tirée de son histoire, 2e édit. *Paris*, 1663, in-8, demi-ch. tr. jaspées, mouillures.—L'abbé Maydieu, chanoine de Troyes.—Histoire de la vertueuse portugaise ou le modèle des femmes chrétiennes, dédié aux rosières de Salency. *Paris*, 1779, in-12, veau plein.—Philipon de la Madeleine. Le pontificat de Grégoire VII, onzième siècle. *Paris*, Ponce Lebas et Cⁱᵉ, 1837, 2 vol. in-12, rel. en un, demi-maroq., tr. jasp.—Ensemble 5 vol.

Bibliographie, journaux, mélanges.

186. BRUNET fils (J.-Ch.). Manuel de l'amateur de livres contenant : 1° un nouveau dictionnaire biographique; 2° une table en forme de catalogue raisonné. *Paris*, Brunet, 1814, 4 vol. in-12, demi-rel. toile, tr. jasp. piqures.

187. BRUNET. — Manuel de l'amateur de livres. *Paris*, Didot, 1865, 6 vol. in-8, demi-rel. tr. jasp. bon exemp. de la dernière édition.

188. A. BARBIER.—Dictionnaire des ouvrages anonymes et pseudonymes. *Paris*, 1806, 2 vol. in-8, demi-basane, tr. marb.

189. Bulletin du bibliophile, 1851, 57, 59, 60, 61, 62, 63 et 65, 8 vol. in-8, demi-cart. toile. — Bibliographie, 3 vol. in-8, demi-cart. toile.—Catalogue de la bibliothèque du marquis Fortia D'Urban, 1 vol. in-8, demi-toile. En tout 12 vol. in-8.

190. Catalogues. — Bibliothèque de M. Viollet le Duc. *Paris*, 1849, 1re partie, in-8 br. — Catalogue des livres rares et précieux de la librairie L. Pothier, 2 vol. in-8, br. *Paris*, 1872, papier fort. — Catalogue des éditions originales d'auteurs français du 17e et 18e siècle. Librairie Claudin, 1882. — Vente Larochebillière, première partie.—Ensemble 4 vol.

191. Quatre lots de catalogues de vente de livres. Didot, etc., etc.

192. Louis BLANC.— Le Nouveau Monde, journal historique et politique, 15 juillet 1849 ou 1er mars 1851. *Paris* et *Troyes*, gr. in-8, demi-rel. toile non rogné, portrait ajouté, bel exemplaire bien complet.

193. MARTIN (Aimé).—Plan d'une bibliothèque universelle. *Paris*, A. Dewez, 1837, 1 vol. gr. in-8, rel. mar. bleu foncé, dos orné, dentelles sur les plats, tr. dor.— Exemplaire de l'éditeur dont la signature se trouve sur le verso de la première garde, papier fortement jauni.

194. Le bien être universel, journal de la vie et du gouvernement à bon marché, paraissant tous les dimanches, gérant Bourdilliat, collaborateurs, Emile de Girardin, C.-F. Chevé, Perreymond, etc., du 24 février 1851 au 30 novembre 1851.—41 numéros. Petit in-f. cart. toile non rogné. — Le Travail Affranchi, journal des associations ouvrières, fondé par MM. François Vidal, A. Toussenel, Victor Meunier, Léopold Graffin et Pierre Vincard, petit in-f. cart., toile non rog., contenant le nu-

méro prospectus et les numéros 1 à 24 du 7 janvier au 17
juin 1849. On a relié avec, le Miserere ou la Pénitence
d'un roi.—Lettre du R. P. Lacordaire sur son carême de
1845, par P.-J. Proud'hon. (Parfait état de conserva-
tion).—Ensemble 2 vol.

195. La Presse, du 27 février 1848 au 31 août 1849, 2 vol.
— Le Peuple, de septembre 1848 à octobre 1850. —
Ensemble 6 vol. in-folios, cartonnés toile.

196. Moniteur universel. 1861 à 1868 inclusivement. —
Journal officiel, 1er septembre 1870 au 31 mars 1883,
inclusivement. — Du 1er avril 1883 au 31 décembre
1885 incomplet. Années reliées et brochées.

197. L'Image, 1867-68, 1869-70. — L'Ami des Filles.
1856-1857, 2 vol. — Eusemble 4 vol. in-4 reliés demi-
toile bleue.

198. Revue britannique, 8 vol.— Echo britannique, 1834.
— Ensemble 9 vol. in-8 demi-reliure veau, couleurs
diverses, tr. jaspées.

199. Œuvres diverses, 2 vol. in-4 cart. toile. — Romans.
Musee littéraire, 1 vol. in-4 demi-toile. — Journal illustré. 1864-66, 1867-68, 1869-70. — Illustration, etc.
Révolution 1848. Guerre d'Italie 1859, etc. — Ensemble
7 vol. ga. in-4 1/2 rel.

200. Almanach prophétique, années 1841 à 1870, 36
années, rel. en 11 volumes, demi cartonnage toile, 1877
à 1882, 5 vol. brochés, avec almanach astrologique,
1853, 1 vol. in-32, demi cart. toile. — Almanach de la
Cour, 1859, 1 vol. in-32, demi cart. toile. — Almanach
historique, 1793, 1 vol. in-32, demi cart. — En tout 17
volume, demi cart. toile.

201. *Divers*. — Un lot d'almanachs, le Figaro, l'Illustration, etc.

202. *Divers*. — Lamartine. Le Conseiller du Peuple, 2
vol. in-4, demi cart. toile. — Lamartine. Œuvres diverses, 1 vol. demi cart. toile. — Ducray-Duminil, Soirées
de la chaumière, figures, 1 vol. in-4, demi toile. —
Panthéon littéraire. Histoire d'Italie et chroniques et
mémoires, 2 vol. in-4, demi bas. — En tout 6 vol. in-4.

202. *Divers.* — Sacy (de). La Sainte Bible, 1 vol. in-4, demi veau. — Le livre des familles. *Paris*, Giraldon, 1 vol. in-8, demi cart. toile. — Revue pittoresque, 1 vol. in-4, demi toile. — L'ami de la maison, 1 vol. in-4, demi toile. — Revue illustrée des Deux-Mondes. 1re et 2e année 1874-1875, 1 vol. in-4, demi cart. toile. — En tout 5 volume, in-4.

204. Revue des feuilletons, 1844, 1845, 1846, 1847. — Journal des journaux, 1845 à 48. — L'abeille littéraire. Journal de lecture, 4 vol. — Ensemble 14 vol. in-8, reliés en 12, 1/2 reliure, veau, couleurs variées, tranches jaspées.

Ouvrages divers, texte latin.

205. ALCIATI ANDREÆ, emblemata editio novissima, Josepho... aucta, solerti que labore castigata. *Valentiæ*, 1676, in-8 velin blanc ancien (mouillures). Titre réparé, feuillets rongés par l'humidité.

206. Aristoteles thesauri, auctore Petro Sainctfleur Monspeliensis ad D. J. Amyotum... *Parisiis*, 1562, 1 vol. in-12 format et caractères elzéviriens vélin blanc. Bon exemplaire.

207. Joann. Bonnefoni, arverni poëtæ venustissimi Basia. *Lugduni, Batavorum*, 1659, in-24 vélin blanc ancien, frontispice gravé. Edition originale.

208. Callimachi Cyrenæi Hymni (cum sui scholiis Græcis) et epigrammata....... H..... Henrici Stephani partim Emendationes.... Excudebat Henricus Stephanus, 1577, in-4 velin blanc ancien. (Taches et soulignures à l'encre, sur le titre : ex libris Jean de Mesgrigny).

209. COUSIN (Jean). De prosperitate et Exitio Salomonis. *Duaci* (Douai), 1599, in-8 rel. veau fauve, armoiries sur sur les plats.

210. J. Chrysostôme. De virginitate liber, Græci et latine nunc primum, editus interprete J. Linmeio Gaudensi. Antverpiæ ex officinâ Plantini, 1585, in-4, demi-veau tr. rouges non rognées, lors de la 2e rel.

211. Carmina ethica, ex diversis auctoribus.—Collegit Ant.
Aug. Renouard. *Parisiis*, 1795, in-18, demi-veau fauve
tr. jasp. — Cebetis Tabula sive vitae humanæ pictura
græcè de Johannes Schweighaeuser. *Argentorati*, 1806,
in-12, cart. tr. dor.—Ensemble 2 vol.

212. Elzevirs. Suetone 1671, front. demi-rel.—Grotius, de
studiis instituendis, 1645, front. veau pl. — Varenio.
Geographia generalis, 1680, velin blanc ancien, front. —
Barclaii. Argenis, 1630, veau plein, front.—Quinte Cur-
tii Rufi. Historiarum libri, 1633, vel. bl. front. — Ma-
nuale novi testamenti Georgii Pasonis, 1654, frontisp.,
vel. bl. anc. — Aphtonii progymnasmata, 1665, demi-
rel. veau. — Seneque rhetoris suasoriarium liber unus,
1639, veau, manq. le titre.—Clavis grecæ linguæ Eilhardi
Lubus, 664, demi-rel.—Ensemble 9 vol.

213. L'eschole de Salerne en vers burlesques et poëma ma-
caronicum « de bello Huguenotico, » par Louis Martin.
Rouen, 1650, in-12, demi-veau, exempl court de marg.

214. Erasmi Rot. Stutitiæ Laus, cum commentariis Lis-
trii et figuris Johannis Holbein-Basilæ, 17 0, in-8,
demi-rel., veau brun non rogné.

2 5. Augustinus Dacus, De Variis, loquendi regulis, sive
poëtarum præceptus tractatulus. L. D. de S. anno 1496.
—Impression faite en Westphalie, non citée par Brunet,
plaquette, in-8, demi reliure, chagrin rouge, tr. jaune,
nombreux raccommodages, le titre a été remmargé (Reliure de Weber.)

216. P. Fausti Andrelini. foroliviensis poete Laureati atque
oratoris clarissimi epistolæ proverbiales et morales longe
lepidissime nec minus sentensiosæ, venundantur in edi-
bus. Ascensianis, 1516, plaquette in-8, bon état. — P.
Fausti hecatodistichon, plaquette in-8, poëme en vers
latins, par G. Ruseus, mouillures, manque une partie
du dernier feuillet après le mot finis.—Egloga Fausti,
moralissima, plaquett, in-8, marque de Jean Petit,
vers 149 . — Ensemble 3 plaquettes, in-8, demi rel.
chag. rouge, (rel. de Weber.)

217. Cl. Galeni, de alimentorum, facultatibus libri III. Lugdini apud, G. Rovillium 1570, in-32, velin blanc ancien, ex libris H. Th. Baron. — Bel exemplaire.

218. Gemma (Corneille). De natura divinis characterismis. *Antverpiæ* ex officinâ C. Plantini, 1575, in-8, veau plein, tr. jaspées, fig. sur bois. Exemplaire nn peu court de marge.— Mercurii trismégisti pymander, de potestate et sapientia Dei. *Basilæ*, 1632, in-8, rel. vélin (reliure neuve), ex libris de J.-J. Godard. (Noms à l'encre sous le titre qui a été lui-même réparé, — Ensemble 2 vol.

219. Raymond Lulli. Opera eaquæ ad inventam ab ipso artem universalum, scientiarum artium que omnium accessit huic éditioni Valerii de Valeriis. *Argentorati*, 1608, in-8, vélin blanc à recouvrement, fig. sur bois. Bel exemplaire. Nom à l'encre sous le titre. Fortes piqures de ver dans le fond de la marge des derniers cahiers.

220. Poemata Pythagoræ et Phocylidis, cum duplici interpretatione Viti Amerpachii..... *Lugduni*, apnd Joan Tornaesium et Gul. Gazeium, 1556, petit in-8 bas. pleine, tr.-marbrées, (reliure du XVIII° siècle), mouillures sur les tranches supérieures . — Reisch (Georgius). Margarita philosophica, totius philosophiæ rationalis et moralis principia XII libris dialogicœ complectens. Argentorati (Strasbourg) 1515, 1 vol. in-4 demi-parch., taches, un coin enlevé dans la marge du bas d'un feuillet, édition inconnue à Brunet, figures sur bois et planches, caractères gothiques. — Ensemble 2 vol.

221. Henrici Ranzovii, de conservanda valitudine liber, tertia editio. *Antverpiæ*, ex officinâ Christophori Plantini, 1585, in-8 relié veau plein, tr. rouges, portrait et armoiries.

222. Virgilii maronis opera studi. Th. Pulmann, correcta. *Sédan*, 1625, 1 vol. in-32 maroq. plein rouge ancien, tranches dorées, fortes mouillures.

223. Virgilii (P.) maronis. Opera interpretatione et notis illustravit Carolus Ruœus ad usum Delphini. *Paris*, 1675, in-4, frontispice gravé, veau brun.

224. P. Virgilii. Maronis opera cum notis Thomæ Barnabii. *Amstelodami*, 1677. in-16, veau plein, tête dorée non rogné, front. grav. bel exempl. dans une rel. neuve, exempl. lavé.

225. Zincgreffii. Emblematum franco-politicorum, 1619, in-4, demi-rel. veau, dos orné, mouillures, frontispice et figures gravés par Th. de Bry, papier jauni.

226. De Conservanda bonâ valetudine, per Joannem Curionem. Antverpiæ, 1562, in-32, demi rel. veau fauve, tr. marbrées. — Quelques soulignures et notes manuscrites.

227. Maieri Michaelis, viatorium, hoc est de Montibus planetarum septem, seu Metallorum. Rothomagi, 1651, in-8, parchemin. — Frontispice gravé.

228. Anton Mizald de Montluçon, memorabilum utilium ac jucundorum centuriæ novem, Lutetriœ. F. Morel, 1666, au quærendo, in-8, relié veau plein, tr. marbrées, exemplaire réglé. — Quelques mouillures.

229. Mochii Petri, de cruciatû exilioque Cupidinis. *Paris*, 1537, in-8, veau fauve, tr. rouge, rel. ancienne. —Dans le même volume, Lancelocti, de officio advocati. Lugdunici, 1537. — Mouillures, un coin réparé au dernier feuillet du second opuscule.

230. Ori Apollinis iliaci de sacris.—Ægyptorum, notis iconibus illustrati. *Parisis*, 1574, in-8, velin blanc ancien, 94 emblêmes gravés sur bois. — Mouillures, titre atteint par la reliure.

231. Ouvrages, texte latin de 1510 à 1586.—Pline, Valère, Maxime, Macrobe, Denys, d'Halicarnasse, Laërce, Pausanias, Lipse, Aulu Gelle, Pomponius, Mela, Agrippa. — Ensemble 14 volumes reliés.

232. Ouvrages, texte latin, de 1604 à 1685. — Barclaii, Virgile, Cardan, Sanchez, Scaliger, C. Agrippa, Escobar, Herodien. Epictète, Pithæus, Erasne, Cicéron, etc. Ensemble 53 volumes reliés.

233. Ouvrages, texte latin de 1711 à 1784. — Tite-Live, Esope, Hippocrate, Catulle, Lucien, etc. — Ensemble 7 volumes reliés.

234. Manuscrit, office de Saint-Barthélemy, apôtre, format in-12, rel. veau plein, fers à la Dusseuil, sur les plats, tr. dorées, gardes en papier doré, texte encadré d'un filet rouge, (bonne écriture du XVIII° siècle).

235. LIVRES EN LOTS.

SUPPLÉMENT

LIVRES DE TOUS GENRES

CATALOGUÉS PAR ORDRE ALPHABÉTIQUE

Livres à figures. — Romantiques, etc.

239. Abrégé de l'Histoire universelle en figures ou Recueil
d'estampes représentant les sujets les plus frappants de
l'histoire tant sacrée que profane, ancienne et moderne,
avec les portraits en médailles des héros qui ont joué les
plus grands rôles, ornées de leurs attributs, dessinées par
Marillier et gravées par le sculpteur Duflos-Lejeune,
1874, 4 vol. gr. in–8 cartonnés, titres gravés, et
165 fig. par Marillier. Exemplaire non rogné.

240. Album ainsi contenant 35 eaux-fortes en 2 séries
complètes, par Dehemant-Saint-Félix, 1806, in-8 en
largeur, demi-mar. bleu non rogné. — La première série
comporte 27 eaux-fortes de 1 à 27 et la seconde 8, avec
un titre spécial pour chaque série.

241. Les aventures d'un jeune gaulois au temps de Jules
César. *Paris*, 1882, in-8 broché. — Nombreuses planches autographiées, cartes.

242. Arrest de la cour du Parnasse pour les Jésuites,
poëme avec notes et figures. A. Delphes, 1762, demi-
veau, ébarbé, (*rare*).

243. Balzac. — Les cent contes drôlatiques, second. dizain.
Paris, Gosselin, 1833, in-8 broché, non rogné. — Un
des trois vol. de l'édition originale.

244. Ad. Belot. — Mlle Giraud, ma femme. *Paris*, 1867,
in-12 cartonné, non rogné, couv. conservée. — Edit.
originale, autographe ajouté.

245. A. Beulé. — Etudes sur le Peloponèse. *Paris*, Didot,
1855, in-8 demi-rel. veau fauve, coins, tête dorée, non
rogné.

246. Viollet-le-Duc. — Ses travaux d'art et son système
archéologique, par Anthyme Saint-Paul, 2 édit. *Paris*,
1881, in-8 broché. — Les Vernet. — Joseph Vernet et
la peinture au XVIIIᵉ siècle, par L. Lagrange. *Paris*,
1864, 2 édit. in-12, broché. — L'école royale des élèves
protégés, par L. Courajod. *Paris*, 1874, in-8 pap. vergé,
couv. imprimée et figures.

247. Bibliothèque héraldique de la France, par Joannis
Guigard. *Paris*, E. Dentu, 1861, gr. in 8 broché. —
(*Epuisé*).

248. Confession d'un biographe fabrique de biographies,
maison E. de Mirecourt et Cⁱᵉ, par un ex-associé Pierre
Mazerolle. *Paris*, 1857 — in-18 cart., non rogné —
Alexandre Dumas fils par Mirecourt 1ᵉʳ tirage 1885, Méry,
par le même, troisième édition, Th. d'Autimore, petits
portraits de grandes dames au sortir de la messe. *Paris*,
1863 — du même, petits portraits de grands messieurs
catholiques plus ou moins sincères, *Paris*, 1863, 2 broch.
in-18 brochés. — Physionomies des hommes politiques
du jour, avec un précis de la science physiognomonique,
par Hocquart. *Paris*, 1843, in 8º carré, cartonné non
rogné, couvertures, portraits sur bois. — Lamartine,
Thiers, etc. — Charles de la Varenne, les Rouges,
peints par eux mêmes, biographes intimes. *Paris*, 1850,
in-12, br., couv. imp. — Ensemble 7 ouvrages.

249. Cazin. — Bibliothèque amusante : L'anti-raloteur,
1785 — Mémoires turcs, 2 vol., 1782. — La jardinière
de Vincennes 1785, 2 vol. (rares). Les lettres d'Héloïse et d'Abeilard, 2 tomes en un vol., 1780. — Histoire de Madame de Luz (par Duclos). *Londres*, 1782
(rare). — Confession générale du chevalier de Wilfort,
1787 (rare). — Bussy Rabutin. Histoire aventureuse
des Gaules. *Londres*, 1781, 6 vol. — Tom Jones,
l'enfant trouvé, 5 vol. *Londres*, 1783. — Ensemble
18 vol. brochés.

250. Victor Champier. — L'année artistique 18·0 81 —
1881-1882, 2 vol. in 8, cartonnage de l'éditeur.

251 Chants et chansons populaire de la France, tomes 1 et 2, Delloye, 1842, 2 vol. gr. in-8, dans le cartonnage de l'éditeur, premier tirage.

252. *Chasse.* — Histoire d'un braçonnier ou mémoires de la vie de L. Labryuère. *Paris*, J. Téchener, 1844, in-8, demi-rel., mar. ronge ébarbé, tiré à 150 exemplaires aux frais du baron Pichon. — Rare.

253. *Chasse* — E. Julien. — La chasse, son histoire et sa législation. *Paris*, in-8, demi-rel. maroq. orange non rogné.

254. *Chassé.* — Code de la chasse ou nouveau traité du droit des chasses depuis l'ordonnance de 1669, 4me édit. *Paris* 1765, 2 vol. in-12, veau racine, tr. marbres. — L'agriculture et la maison rustique de MM. Ch. Estienne et Jean Liébault D^{rs} en médecine, plus un brief recueil des *chasses* du cerf, du sanglier, du lièvre, du renard, du blereau. du connil, du loup, des oiseaux et de la fauconnerie (par J. Clamorgan). Rouen, 1666, in-4• veau plein, en bon état, qques taches dans le texte.

255. A. de D'Houdetot, types militaires français, in-8, cartonné, non rogné, figures coloriées, (très rare, avec les fig. coloriées. Lettre autographe ajoutée.

256. Chénier (Marie-Joseph). — Charles IX ou l'Ecole des rois, tragédie en 5 actes. *Paris*, 1790, in-8 veau, non rogné. — Curieux exemplaire où on a ajouté le portrait de l'auteur. un autographe, et une vue d'optique coloriée, représentant la scène du Ve acte, le « cardinal de Lorraine bénissant les poignards, figure très rare. »

257. Chez Victor Hugo, par un passant. *Paris*, 1854, gr. in-8 cartonné, sur broch. non rogné, premier tirage avec 2 suites des 12 eaux-fortes de Lalanne, avant la lettre et avec la lettre, portrait de Victor Hugo ajouté. — Très bel exemplaire.

258. Charles Courret, à l'est et à l'ouest dans l'océan indien, Sumatra, Zanzibar, Mozambique, le Zambèze. *Paris*, 1884, édition ornée d'une carte et de 12 dessins de Riballier, in-12 broché, couv. illustrée, par Riballier. — On a joint à cet exemplaire les deux esquisses de Riballier pour la couverture.

259. Economie politique : Dictionnaire politique avec une introduction, par Garnier Pagès. *Paris*, 1868, gr. in-8 broché. — Pierre Clément. — Histoire du système protecteur en France depuis le ministère de Colbert jusqu'en 1848. *Paris*, 1854, in-8 broché. — Félix Cadet. Pierre de Boisguilbert. *Paris*, 1871, in 8, broché. — Ensemble 3 vol.

260. Dumas fils. — Discours de réception à l'Académie française. *Paris*, 1875, in-4 cartonné, toile, coins, non rogné, couv. conservées — Portrait d'Alexandre Dumas sur japon avant lettre et autographe ajoutés.

261. Equitation et cavalerie. — Traité d'équitation par feu M. Montfaucon de Rogles, écuyer de la petite écurie du roi, commandant l'équipage de M. le Dauphin *Paris*, imprimerie royale, 1778, in-4, demi-rel. veau, coins, tr. rouges (rel. neuve), quelques trous de ver bien réparés. — Pratique de l'équitation ou l'art de l'équitation réduit en principes, par Dupaty de Clam. *Paris*, 1769, in-12 broché, titre réparé. — Cavalerie, par le Luys Morvan. *Paris*, 1862, in-8. — Anaïs Rivière. — Essai sur la cavalerie irrégulière, 1859, première partie. — Louis.de Maleden. — Réflexions sur la réorganisation des haras. 1803, in-8, demi-reliure. — Berton. — Précis des batailles de Fleurus et de Waterloo, avec une carte, in-8 broché Ensemble 2 vol. et 4 brochures.

262. Fastes des gardes nationales de France, par Alboize et Ch. Elie, 2 édit. *Paris*, 1849, 2 vol. gr. in-8, demi-rel. veau violet, ébarbé, gravure sur acier et fig. coloriée. — Bel exemplaire lavé et encollé.

263. Frontispices romantiques, pour Hugo, Dumas, etc.

264 Léon Gautier. — Portraits littéraires. *Paris*, 1868, in-12 broché, couv. imprimées. — Exemplaire en papier vélin. — Notices sur Victor Hugo, Ponsard, Gustave Doré, etc.

265. Th. Gautier, J. Sandeau (Mme), Emile de Girardin et Méry. — La Croix de Bernay. *Paris*, 2 vol. in-8 cart, non rognés. — Edition originale. — On a ajouté les portraits des quatre auteurs et des autographes de Sandeau, Emile de Girardin et Méry. — 2 pages réparées dans le texte.

266. A. Guiraud. — Césaire, Révélations. *Paris*, 1839,
2 vol in-8, cartonnés, non rognés, couv. conservées, bel
exemplaire auquel on a ajouté un portrait et un autographe de l'autenr, jolie vignette romantique sur les
titres.

267. *Jérusalem délivrée.* — Nouvelle traduction, par
A. Mazuy. *Paris*, Knab 1838, in-8, rel.. veau racine
tr. marbrées, 20 fig. sur bois, par Lecurieux. — *Rare*
(voir Brivois).

268. Jésuites. — Arrest de la Cour du Parnasse par les
jésuites. — Poëme avec notes et figures, à Delphes. 1762.

269. *Heures* à l'usage de Rome, in-8 gothique rouge et
noir, 125 ff. non chiffré, 17 fig., encadrements à chaque
page, lettres majeures, enluminées, maroquin noir fers à
froid, tranches rouges, rel. neuve, exemplaire sur peau
de vélin, court de marges surtout en hauteur, marque
d'Antoine Vérard.

270. *Histoire du ciel* considéré selon les idées des poètes,
des philosophes et de Moïse. *Paris*, veuve Estienne,
1739, 2 vol. in-12, reliés en veau, fig. curieuses (par
l'abbé Pluche),

271. *Intérêts* et maximes des princes et des états souve-
rains, A. Cologne, chès Jean de Païs 1666, 1 vol. in-18
cart. vélin.

272. *Victor Hugo* par Ferragus (L'Ulbach). *Paris*, 1869,
forme la livraison 5 de nos contemporains. — On a
ajouté à cette livraison le portrait de Victor Hugo, litho-
graphié et tiré sur chine de la galerie de la presse, épreuve
a toute marge.

273. *Lafontaine* Fables choisies mises en vers par de
Lafontaine. *Paris*, Desaint, 1756-1759, 4 vol. in-fol.,
reliure veau plein, tr. dorés, exemplaire sur papier moyen
de hollande, bon état. — La planche du Léopard n'est
pas du premier état.

274. *Larochefoucauld* (maximes) et réflexions morales.
Paris, Didot l'aîné, 1796, 1 vol in-4, rel , maroquin
rouge, ancien, doublé de satin (mouillures).

275. **Livres illustrés.** — Manon Lescaut, par l'abbé Prevost, édit. illustrée par Tony Johannot Paris, Bourdin, sans date, gr. in-8 cartonné, non rogné. — Polichinel, ex-roi des marionnettes, devenu philosophe, par Lorenz. Paris, 1848, première édition, gr. in-8 broché. — On a conservé la couverture de la fin du volume.

276. **Livre des Rêves** ou l'oneioroscopie. — Application des songes aux numéros de la loterie royale de France, ornée de jolies figures, nouvelle édition. Paris, Desnos, sans date. — Exemplaire broché. — Lettres infernales et les tisons. — Aux enfers, 1740, in-12, demi-toile, figure. — Ensemble 2 vol.

277. **Livres prohibés.** (Saisie de) — faite aux couvents des Jacobins et des Cordeliers, à Lyon, en 1694. — Nouvelle édit. Turin. J. Gay, 1876, in-8 broché, couv imp. papier vergé, tiré à 300 exemplaires. — A. Laporte. Etude bio-bibliographique. — Chevigné Coppée. Paris, 1885, in-8 broché. — Mary Lafon. Histoire d'un livre. Paris, 1857, in-12 broché. — Catalogue de la riche bibliothèque de Rosny. Paris, 1837, 1 vol. in-8 broché, papier vergé, couv imprimées. — Chassant et Delbarre. Dictionnaire de sigillographie pratique. Paris, 1860, in-12 broché, 16 planches. — L'empirique, pamphlet historique de 1624, réédité par L. Lacour. — Paris, 1867, plaquette in-8 papier Vergé, tirée à 200 exemplaires, broché.

278. **Mémoires** inédits du comte de Brienne. Paris, Ponthieu, 1828, 2 vol. in 8 1/2 veau bleu.

279. **Michel de Montaigne.** — Son origine, sa famille, par Th. Malvezin. Bordeaux, 1875, in-8 broché, papier Vergé, couv. — Tirage à 300 exemplaires.

280, **Milton.** — Le Paradis perdu, traduction de Châteaubriand, avec 25 gravures sur acier. Paris, 1863, in-fol. demi-rel. chagrin rouge.

281. *Molière* (œuvres de), avec des remarques grammaticales, par M. Bret. Paris, 1804, 6 vol. in-8, cart., figures de Moreau le jeune.

282. Montjoye. — Les bourbons ou précis historique sur
les aïeux du roi... orné de 20 portraits. *Paris*, 1815,
in 8, broché. — Défense du prince de Polignac pro-
noncé devant la Cour des pairs par le vicomte de Martignac. *Paris*, 1830, gr. in 8, demi-rel. veau vert, fers
de l'époque, non rogné. — On a ajouté une lettre autographe de M. de Martignac. — Un dernier mot sur
Holy-Rood, par le baron de Mengen-Fondragon. *Paris*,
1832, in-8 1/2 rel. veau, fig. représentant Henri V. enfant Eloge historique du duc de Berry, par Alissan de
Chazet. *Paris*, 1820, in-8, pap. de Hollande, portrait,
broché. — Ensembla 4 ouv. rognés.

283. Célestin Nanteuil. — La jolie fille de la garde. — Une
feuille in-plano, gravée à l'eau forte, avec vignettes dans
des encadrements romantiques. — Les légendes imprimées
en rouge et les vignettes en bistre. — Bourbon l'Archambault, 1843, 1ᵉʳ tirage, belle épreuve de l'œuvre capitale
de Célestin Nanteuil.

284. *Orlando furioso* di Lodovico Ariosto. *Venise*, 1587,
1 vol. in-4 1/2 reliure veau fauve, figures sur bois.

286 *Poésie.* — Heures de repos d'un ouvrier, par Théo-
dore Lebreton. *Rouen*, 1838, in-12 br. couv. imp., portrait de l'auteur. — Poésies par F. Poisson (Sens). *Paris*,
Poulet-Molassis, 1882, in-18 br. couv. imp. — H. de
St-Albin. Tablettes d'un rimeur. *Paris*, in-16 br. couv.
imp. — Voltaire, la Pucelle d'Orléans. Poëme divisé en
21 chants avec une préface de Benchot et des notes de
M. Ravenel. *Paris*, Didot 1833, gr in-8 demi-rel. veau,
pap. velin, tiré à petit nombre avec ce titre. — Ensemble 3 vol.

287. Claudius Popelin. — Le vieux art du feu. *Paris*,
Lemerre, 1878, in-4 br. couv. imp., illustratious sur
bois.

288. Portraits romantiques, la plupart extraits de la galerie de la presse.

289. Privat d'Anglemont. — Paris inconnu, précédé d'une
étude sur sa vie, par Alfred Delvau. *Paris*, 1861, in-16
br. couv. imp. — Champfleury-la-Gazette, 2 numéros
novembre 1856, brochés, (tout ce qui a paru). J. Claretie,

Pierrille. *Paris*; 1863, in-12 br. couv. imp., 1re édit.—
La Fille du Marchand, par Philcrète Charles. — Le
Roman de Village, par Pol Mercier et Ed. Fournier
(autographe de Mercier, ajouté). — Le Chemin des Eco-
liers, par Jules de Premaray, 3 vol. in-18 br. couv. imp.
de la collection diamant. — Ensemble 7 vol.

290. Regnard (œuvre de), nouvelle édition. *Paris*, Maradan,
1790, 4 vol gr. in-8, 1 portrait et 12 fig. de Borel, pap.
de Hollande. — Exemplaire broché non rogné.

291. La Reliure artistique et fantaisiste, par Octave
Uzannè. *Paris*, Rouveyre, 1866, gr. in-8 jésus broché,
couv. imp., 72 pl. en noir et couleur. — Un des cent
exemplaires sur papier du Japon.

292. Rétif de la Bretonne. — La fille naturelle *La Haye*,
1776, deux parties en 1 vol. in-16, reliure maroquin
vert, tr. dorées, rel. ancienne — Le texte semble avoir
été sorti de la reliure pour être lavé et encollé.

293. H. Rochefort — Petits mystères de l'hôtel des
ventes *Paris*, 1861, in-12 cart. non rogné, portrait et
autographe ajoutés — Edition originale.

294. *Romantiques*. — Edouard, par l'auteur d'Ourika
(Mme la duchesse de Duras) *Paris*, 1825, 2 vol. in-12
demi-rel. veau violet, tr. jaspes, rel. de l'époque. —
Edition originale. — Le Prêtre. *Paris*, Igonette, 1830,
in-12, broché couv. imp. — Edition originale. — Le
dessert, par H. Vial *Paris*, 1833, in-12 cartonné, dos
mar. vert, grain, long, couv. conservées, vignettes
sur bois. — F. Soulié. La Chambrière *Paris*, 1840,
in 8 cartonné non rogné, portrait ajouté, lavé et encollé.
Ensemble 3 volumes.

295. *Romans divers*. — Ourika *Paris*, 1826, troisième
édition, in-12, frontispice et titre gravés par Deveria.
— Olivier. *Paris*, U. Canel, 1826, deuxième édition
(attribué à Thabaud de la Touche), in-12. — Adolphe,
par Benjamin Constant, 3e édition. *Paris*, 1824. —
Ensemble 3 vol. in-12, même rel., demi-veau violet,
coins tr. jaunes, rel de l'époque. — OG. — *Paris*, 1824,
in-12 cart. non rogné, couv. conservées. Romantique
rare, par Rétif de la Bretonne, neveu « parodie des ro-.
mans à la mode de Jean Sbogar. » — Ensemble 4 vol

296. Sainte-Beuve. — Lettres à la princesse. *Paris*, 1873, in-18 broché, couv. imp , 1re édit. — La Société galante et littéraire au XVIIIe siècle, par Honoré Bonhomme. *Paris*, Ed Rouveyre, 1880, in-8 pap. Vergé, frontispice gravé. couv. imp — Mémoires de David, peintre et député à la Convention, par Miette de Villars. *Paris*, 1850, in-8 cart. couv. imp. Euvoi d'auteur signé. — Ensemble 3 vol.

297. Sardou (Victorien). — La famille Benoiton, comédie. *Paris*, 1866, in-12 cart. sur brochure, non rogné ; on a ajouté à cet exemplaire un portrait et un *fac simile* de l'écriture de l'auteur. — Première édition.

298. Sport.— Eug. Chapus. Le Sport, à *Paris*, in-12, 1854, broehé, couv. imp. — Baron de Vaux, les Femmes de Sport. *Paris*, 1885, gr. in-8 papier de Hollande — Envoi d'auteur signé, broché. — De l'énormité du duel, traité traduit de l'italien, de M. le docteur P. V. (Paul Vergani), par M. C... (Cousin). *Berlin, Paris, Rouen, Beauvais*, 1788, in 12 br., non rogné, rare.— Ens. 3 vol.

299. Souvenirs de Mme de Caylus. *Amsterdam*, 1770, in-8 rel. veau plein. — (Armoiries sur les plats.) — La vie de François Bacon, suivie des maximes de cet illustre auteur. *Londres*, 1788, in-12 broché. — Ensemb. 2 vol.

300. Théâtre. — Le Rideau levé ou Petite Revue des Grands Théâtres, nouv. édit. *Paris*, 1818, in-8 cart. ébarbé (timbre de cabinet de lecture). L'art de s'enrichir par des œuvres dramatiques ou moyens éprouvés de composer, de faire recevoir et de faire réussir les pièces de théâtre, par G. Touchard. *Paris*, 1817, in-8 cart. — Dialogues critiques ou résumé des jugements, sottises que l'on entend chaque jour dans les loges, les coulises des différents théâtres, 2e édit. *Paris*, 1881, 1 vol. in-8 cartonné. — Essai sur l'état actuel des théâtres de Paris et des principales villes de l'empire, leurs administrations, leurs acteurs, etc , par J.-D. B... Paris, 1813, in-8 cartonné. — H. Monnier. — Le Bonheur de Vivre aux Champs, comédie vaudeville en un acte. *Paris*, 1885, gr. in-8 br., couv. imp., texte à 2 colonnes. — Ed. originale, 2 portraits en pied d'Henri Monnier, ajoutés.

301. Vidocq. — Les Voleurs, physiologie. *Paris*, 1837, 2 vol. in-8 cart., portrait. — Du même, réflexions sur les moyens propres à diminuer les crimes et les récidives. *Paris*, 1844.

302. Vigne. — Manière de bien cultiver la vigne et de faire la vendange et le vin dans le vignoble d'Orléans, troisième édition, par Jacques Boullay. *Orléans*, 1723, petit in-8 maroq. noir, fers à froid, tr. dorée, reliure ancienne restaurée.

303. Voltaire. — Le Vieillard du Mont-Caucase aux juifs portugais allemands ou Réfutation du livre intitulé Lettres de quelques Juifs, *Rotterdam*, 1777, in-12, veau plein, tr. dorées, orné du portrait de l'auteur. — Bel exemplaire. — Confession de J.-J. Rousseau, morceaux inédits ou différences qui se trouvent entre le manuscrit offert à la Convention, par Thérèse Levasseur et les éditions de Rousseau. *Paris* sans date, broch. in-12. — Ensemble 2 vol.

LIVRES SUR LES PROVINCES

304. *Aisne*. — G. Lecocq, 16 brochures in-8, historiques, concernant St-Quentin et son arrondissement, la plupart tirées à petit nombre.

305. *Aisne*. — Stanislas Prioux. — Histoire de Braine et de ses environs, orné de gravures sur acier, par Jules Roze. *Paris*, 1846, in-8 broché couv. imp., rare. — Annuaires de l'Aisne 1814 à 1817, 1820, 1828, 1830 à 1843, 1846 à 1856, 1858, 1860, 1862, 1865, 35 vol. in-8 brochés. — Ensemble 36 vol.

306. *Aisne*. — Georges et J. Lecocq. — Notes sur Fouquier-Tinville. — Documents sur M.-Q. de la Tour. — Etudes sur la céramique picarde et 4 notices d'archéologie — Histoire de Camille Desmoulins, 1 vol. in-12. — Ensemble 7 br. et 1 vol. — Chauny. Etat de la ville. — Notice sur les origines. — Notes sur l'histoire de Chauny, de Dom Labbé, 3 br. in-8, par G. Lecocq — L'invasion de 1870-1871 dans l'arrondissement de Saint-Quentin, par Abel Leroux, in-12 br. — Viollet-le-Duc. Description du château de Coucy. *Paris*, 1875, in-8 broché.

307. *Aisne.* — St Quentin, son commerce et son industrie, par Picard. 1865, 2 vol. in-8. — Histoire de l'Emancipation communale à St-Quentin, par Berlemont. 1873, in-8 br. — Journal de l'incendie et de la restauration de l'église de Saint-Quentin, publié par Lecocq. 1877, 1 vol. in-8 broché.

308. *Aisne.* — Le Livre rouge de l'Hôtel de Ville de Saint-Quentin, publié par MM. Bouchot et Lemaire. *Saint-Quentin*, 1881, in 4 br.

309. *Ardennes.* — Les Marches de l'Ardenne et des Woëpvres ou le Barrois et le Wallon, par Jeantin. *Paris*, 1854, 2 vol. in-8 demi-rel.

310. *Aube.* — Le plus ancien registre des délibérations du conseil de ville de Troyes (1429-1433), par Roserot. *Troyes*, 1885, in-8 br. — Collection de documents inédits relatifs à la ville de Troyes, 1878. — Le Protestantisme en Champagne, 1863. — Seigneurie et féaultés de Bourbonne, par Lacerdaire, 1885, 3 vol. in-8 br.

311. *Bourgogne.* — Monteil et H. Dupontet. Histoire des provinces de France. Bourgogne. *Paris*, 1844, un fort vol. gr. in-4, demi-rel. mar. vert, tête dorée, non rogné, nombreuse lithogr. — Bel exempl. lavé et encollé, rare.

312. *Bourgogne.* — Armorial de la généralité de Bourgogne, d'après Ch. d'Hozier, publiés par H. Bouchet. *Dijon,* 2 vol. in-8 brochés.

313. Histoire archéologique de l'époque gallo-romaine de la ville de Rennes, par Toulmouche. *Paris*, 1847, in-4 br.

314. *Corse et Savoie.* — Nice et la France, 1871. — Lorgues et Toulon, par Teissier, 1864. — La Corse, par la Rocca, 1865, 3 v. in-3 brochés.

315. Dictionnaire historique de toutes les communes du département de l'Eure, par Charpillon, les Andelys, 1879, 2 vol. à 2 col. gr. in-8 brochés.

216. *Garonne.* — Ducos, l'épopée Toulousaine ou la guerre des Albigeois, poëme avec notes historiques *Toulouse*, 1850, 2 vol. in-8 br. — Nobiliaire Toulousain, par Blémard. — Inventaire des titres de noblesse et de dignités. *Toulouse*, 1863, 2 vol. in-8 br.

317. *Meuse.* — Dictionnaire topographique du départe
ment de la Meuse, par Liénard. Paris, 1872, in-4 br.

318. *Normandie.* — La Normandie inconnue, par Hugo,
1857. — Le collége de Rouen, par Sautier, 1876. —
Histoire du Mont-St-Michel, par Doscamp, 1877, 3 vol.
in-8 br. — Discours de l'entrée faicte par Henry IIII
roy de France et la reyne en leur ville de Caen, 1603.
Caen, 1842, réimp., gr. in 8 br.

319. *Perigord.* — Etudes historiques sur la Révolution en
Périgord, par Bussières. Bordeaux, 1883, 2 vol. in-8
brochés.

320. *Touraine.* — Histoire de Blois, par Touchard, 1846.
— Les Franc.-Tireurs de la Sarthe, par de Foudras,
1885. — Lettres sur le Ponthieu, par de Belleval, *Paris*,
1868, 3 vol. in-12 br. — Louis XI et le Plessis-lez-
Tours, par le comte de Croy. *Paris*, 1841, in-8 demi-
reliure.

321. *Italie.* — Statistique de Gênes, par Cerano, 1838,
2 vol. in-8, d. v. r. — L Italie de 1847 à 1865, par
d'Azeglio, 1867, in-12 br. — Les Catacombes de Rouen,
par Lépinois. *Paris*, 1879, in-12 br. — Journal du
siège de Turin en 1706, par le comte Solar de la Marguerite. Turin, 1838, in-4 br.

322. L'Art de la cuisine française au XIXe siècle, par
Carême. *Paris*, 1833, 2 vol. in-8 br. — Traité de Nata-
tion, essai sur son application à l'art de la guerre. par
le vicomte De Courtivron. *Paris*, 1836, in-8 br.

MÉLANGES

323. Art de l'archiviste français (par Carpentier), s. h.
H. D. — Réponse du bibliophile aux avocats de Strasbourg. — Description du Livre d'heures de Madame de
Saluces, 1865. — Le Langage, par le comte d'Escaysac,
etc.

324. Callot (Jacques), par E. Voiart. *Paris*, 1841, 2 vol.
in-8 br. — Callot, par Du Mast. *Nancy*, 1875, in-4 br.

325. Le Barreau moderne, par Le Berquier. *Paris*, 1869.
— Le Chatelet de Paris, son organisation, ses privilèges,
par Desmazes, 1870. — Les Mystères de la Police, 3 vol.
in-12 br.

326. Chroniques, contes et légendes, par Beneyton. *Paris*,
1854, in-4 br. — The history of Charles V by W.
Robertson. *Paris*, 1835, in-8 cart. — Lettre de Mme de
Sévigné à Mme de Grignan. *Paris*, 1826. — Pièces
inédites de Voltaire. *Paris*, 1820. — Supplément aux
œuvres de Voltaire. *Paris*, 1826. — Fontenelle, par
Charma, 1846. — Charles, duc de Courlande, par
Lopacinski. *Paris*, 1850, 5 vol. in-8.

327. Corneille. — Le Menteur, 1682. — Suite du Menteur, 1681. — Horace, 1683. — Le Cid, 1683. — Cinna,
1683. — Sophonisbé, 1688. — La Place royale, 1690.
— La Galerie du Palais, 1689. — Médée, 1689. —
L'Illusion, 1689. — Thétis, 1689. — Orphée, 1690.
12 pièces, édition elzévirienne (au quœrento) in-12 dérelié.

328. Dictionnaire des devises historiques et héraldiques,
par Chassant et Tauzin. *Paris*, 1878, 3 vol. in-12 br.

329. Eléments carlovingiens, linguistiques et littéraires.
Paris, Crapelet, 1848, in-4 br.

330. Esquisse sur l'ivoirerie, par Barbier. *Paris*, 1857. —
L'art italien, par Dumesnil, 1854. — Delacroix : Documents nouveaux, par Sylvestre, 1864, 3 vol. in-12 br.

331. *Faïences*. — Recherches sur les faïences de Dijon,
par Marchant, av. figures *Dijon*, 1885, in-4 br.

332. *Gothique*. — Les allumettes du feu divin, composé
par F. Pierre Doré, docteur de Paris, religieux de l'ordre
de Saint-Dominique au couvent de Saint-Avoye, à Bloys.
On lit à la fin : imprimé nouvellement à Paris par
Etienne Cavellier, s. l. n.d. (vers 1510), petit in-8
gothique, vélin blanc.

333. Histoire du bailli de Suffren, par Cunat, 1852, in-8
br. — Mme Deshoulières au château de Vilvoerde, par
Galescot, 1866. Le baron Petit de La Fosse, par Ramon,
1867, 3 vol. in-8. — Galileo Galilei, sa vie, son procès,

par Chasles. *Paris*, 1862. — Clément XIII et Clément XIV, par Ravignan. *Paris*, 1854. — Vie d'Ant. Arnauld, docteur de Sorbonne. *Paris*, 1783.— Ensemble 4 vol. in-8 br.

334. Histoire de l'éducation des femmes en France, par Rousselot *Paris*, 1883, 2 vol. in-12 br. — La famille et l'éducation en France, par Baudrillart. *Paris* 1883, in-12 br.

335. Histoire de Duguesclin, par de Fréminville, 1841. — Etude sur la vie de A. Thiers, par Laya, 1846. — Michel de l'Hôpital, par Dupré Lasalle, 1875, 4 vol. in-8 br. — Mémoires sur la maison de Condé. *Paris*, 1820, 2 vol. in-8. — Actes du martyre de Louis XVI, par Seguin. *Paris*, 1837, in-8 br.

336. *Langues romanes.* — Histoire de la langue romane, par Mandet. *Paris*, 1840, in-8 br. — Histoire des langues romanes et de leur littérature jusqu'au XIV⁰ siècle. *Paris*, 1841, 3 vol. in-8 br., par Bruce Whyte.

337. Lettres de Rancé, publiées par Gounod, 1846 — Etat du catholicisme, par Pépin, 1841. — Sainte Ursule, par Bétemé, 1850, 3 vol. in-8 br. — Le Pouvoir temporel de la Papauté, par Bonjean. *Paris*, 1862. — Henri IV et l'église, par Féret. *Paris*, 1875. — L'Etat, l'église et les réformes. *Paris*, 1857, 3 vol. in-8.

338. Les Mystificateurs mystifiés, par L. Jacob. *Paris*, s. d. — Les Trappeurs parisiens, par Imbert, 1878. — La Vie parisienne, par Blavet, 1884. — Dictionnaire de l'argot des typographes, par Boutmy. *Paris*, 1883, 4 vol in-12 br.

339. Mémoires de Salvator Rosa. 1844, 2 v. in 8 d. v. vert. — Génie de l'art chrétien, par Guigou, 1866, in-8 broché. — Les Beaux-Arts à l'Exposition, par Max. Du Camp, 1867, in-12 broché.

340. Novo teatro di machine et edificii di V. Zou ca, architello. *Padoua*, 1656, av. fig. cart.

341 Les Parisiens par Cohen. *Paris*, 1877, 2 vol in-8 br. — Réflexion sur l'homme, par Pennier. *Paris*, 1882, in-8 br. — Fragments politiques, par De Chambrun. *Paris*, 1872, in-8 broché.

342. Racine. — Bérénice, 1699. — Phèdre, 1691. — Mithridate, 1692. — Esther, 1692. — Edit. elzévirienne de Wolfang (au quœrendo), 4 petits in-12 déreliés.

343. Recherche sur l'art de voler depuis la plus haute antiquité jusqu'à nos jours, par Bourgeois. *Paris* 1584, in-8. — L'Enfant perdu et retrouvé (Histoire de l'enlèvement du jeune Hua, parisien), par son grand-père, 1865 — His oire du prince gracieux et de la bergère Myrtil, 1865, 2 vol. in-8 br.

344. *Théâtre.* — Annuaire des Lettres et des Théâtres, 1845. — Voltaire musicien, par Van der Straten, 1878. — Un potentat musical de 1780 à 1790, par Julien. *Paris*, 1856. — Weber à Paris, 1877. — Mademoiselle Lemaure, par Jullien. Paris, 1779. — Le théâtre, par Juclier, 1873, 6 vol. in-8 br. — L'Entretien des musiciens, var Gantez, maître de Chapelle ² Marseille, Aix, Grenoble, Paris et Auxerre, publié d'après l'édition de 1643, avec notes, par Thornan *Paris, Claudin*, 1878, in-12 broché. — Les spectateurs sur le Théâtre, par Julien. 1875. — Lettres sur les spectacles, par Desprer de Boissy, 1769 — Livre sans queue ni tête, par De Vivei, 1765. — Derrière la toile, par Vizentini, 1868. Lot de 5 vol., brochés.

345. Les Tribuns politiques, par Trimalcion. *Paris*, 1855, gr. in-8 cartonné non-rogné, portraits en pied sur chine, gravés sur acier, de Falloux, Montalemhert, Félix Pyat, Pierre Leroux, Victor Hugo, etc.

346. Lot de vignettes romantiques extraites de divers romans.

347. Livres en lots.

2164. — DOUAI, IMPRIMERIE L. CRÉPIN, 23, RUE DE LA MADELEINE.